18세가 보는 세상

공존의 방식

18세가 보는 세상

공존의 방식

초판 1쇄 인쇄 2012년 08월 06일
초판 1쇄 발행 2012년 08월 13일

지은이 l 백민주, 박세훈
펴낸이 l 손형국
펴낸곳 l (주)에세이퍼블리싱
출판등록 l 2004. 12. 1(제2011-77호)
주소 l 153-786 서울시 금천구 가산동 371-28 우림라이온스밸리 C동 101호
홈페이지 l www.book.co.kr
전화번호 l (02)2026-5777
팩스 l (02)2026-5747

ISBN 978-89-6023-953-1 03330

18세가 보는 세상

공존의 방식

백민주, 박세훈 공저

정의로운 사회를 꿈꾸는
두 남녀 고교생의 꾸밈없는 주장과 논거

ESSAY

저자 백민주

1994년 부산 출생. 양운초등학교, 양운중학교를 졸업하고 현재 해운대 여자 고등학교 3학년에 재학 중이다. 중학교 1학년 때부터 토론대회에서 두각을 나타내다, 중학교 3학년이 되어 교내외 토론 대회들을 휩쓸며 '토론왕'으로 지역 신문에 실리기도 했다.

2009년 말, '아하 한겨레 학생기자'에 합격하여 수습기간을 마치고 현재 정기자로 활동하고 있다. 또, 부산시에서 15명만이 누릴 수 있는 부산시 언어영재원 고등창작영재로 선발되어 1년간의 교육과정을 마치고 2010년 12월 수료했다. 대한민국 청소년 의회 준의원으로도 활동 중이다.

고등학교 진학 후에도 일학년 학년장을 역임하였고, 3년 동안 반장으로서 반을 이끌었다. 2011년에는 부산시에서 주최한 국외문화탐방 프로그램에 부산시 청소년 대표 리더 40인으로 선발되었고, 그 중에서도 여성리더 20명의 대표로서 중국에 다녀와 견문을 넓혔다.

이밖에 대한민국 청소년 의회 주최 토론대회 3등, 전국 고등학교를 대상으로 한 TV 토론 서바이벌 프로그램에서 승승장구하여 국회 사무총장으로부터 최우수상(2등)을 받았다.

저서로는 〈18세가 보는 세상, 공존의 방식〉(공저)이 있다.

저자 박세훈

1994년 부산 출생. 창신초등학교와 거성중학교의 전교회장 출신으로 현재 브니엘고등학교 3학년에 재학 중이다.

2008년과 2009년에 걸쳐 부산국제교류재단을 통해 부산의 자매도시인 인도네시아 수라바야와의 교류 프로그램에 참가, 2011년에는 부산학생교육원의 국외(중국)문화탐방 프로그램에 부산시 청소년 대표리더 40인으로 선발되어 견문을 넓혔다.

그밖에 2012년에는 EBS 장학퀴즈(프랑스혁명 편)에 출연해 역량을 드러냈다. 현재 대한민국청소년의회 준의원으로 활동 중이며, 같은 단체에서 주최한 토론대회에서 3위를 차지한 경험도 있다.

초등학교와 중학교 5년 동안 지역교육청 과학영재과정을 수료하며 한때 이공계열의 진로를 꿈꿨으나, 사회문제에 눈을 뜨게 된 후 방향을 틀었다. 지금은 정의로운 사회를 구현하는 데 선한 영향력을 미치는 사람이 되는 게 꿈이다.

어릴 때부터 독서를 즐겼으며 도전하는 정신으로 고등학생임에도 책을 내기까지 이르렀다.

저서로는 〈18세가 보는 세상, 공존의 방식〉(공저)이 있다.

우리는 부산학생교육원에서 주최한 '국외문화탐방'이라는 프로
그램에서 처음 만났다.

부산의 각 고등학교에서 학생 대표 한명씩을 추천받아 그 중에
서 남녀 20명씩을 선발했는데, 우리는 그 기회를 얻은 것이었으
니 일단 운이 좋은 아이들이었다. 그리고 그 과정 속에서 우리가
같은 조에 배정받지 않았더라면 이 책도 탄생하지 않았으리라.

문화탐방의 여정은 현재 중국의 국경 안에 있는 옛 고구려의
유적지를 중심으로 진행되었다. 동북공정의 실태를 두 눈으로
직접 보니 그 심각성이 살갗에 와 닿았고, 그로인해 많은 것을
배우고 느낄 수 있었다. 그렇게 값진 나날들 중에 이 책의 탄생
을 예고한 날이 있었다.

현지에 도착해 첫날 탐방을 마친 날 저녁, 서로 초면인 조원들
이 한방에 모여 친목을 나누는 자유 시간을 가졌다. 다른 조들
은 대부분 주로 학교생활에 관한 이야기를 했었지만, 우리는 조
는 조금, 아니 많이 달랐다.

머리에 피도 안 마른 것들이 정치 이야기를 하기 시작했다. 당
연히 학생인지라 처음엔 교육문제를 두고 이야기가 오갔으나 나

중엔 사회 전반에 걸쳐 폭넓은 대화를 나누었다.

얼마나 폭넓은 대화를 나눴느냐? 그날 밤을 다 샜다. 저녁식사 후 모여서 달을 바라보며 이야기를 나누다 해 뜨는 것을 보고 아침식사를 하기 위해 다 같이 방을 나섰던 것이다.

그날의 기억을 아직도 잊을 수 없다. 졸린 눈을 비벼가며 서로가 서로의 이야기에 귀를 기울였고, 서로가 서로에게 자신의 생각을 피력했다. 다음날 엄청난 피곤이 몰려왔지만 얻은 것을 생각한다면 문제도 아니었다. 민주는 잠을 못 자고 아침도 안 먹은 채 오녀산성의 999계단을 올라, 빈혈증세로 크게 고생했다.

우리 둘은 유독 의견이 잘 많았다. 조금 과장하자면, 서로를 조금 더 알고 둘의 공통점을 찾으니 성별 빼고 거의 전부였다.

정치적인 성향부터 문제를 바라보는 관점, 그리고 문제 해결 방안을 제시하는 부분까지 많이 닮아있었다. 어쩌면 우리 둘을 다소 '엇나간' 학생이라고 볼 수도 있다. 현 교육체제 아래에서는 이런 관심을 갖는다는 것 자체가 '사치'니까. 우리가 사치스럽다는 게 아니다. 교육체제에 뭔가 문제가 있다는 얘기다.

문화탐방을 마친 후에도 같이 팀을 이뤄 토론대회에 참가하기도 하면서 생각을 공유하고, 학교생활을 이어나갔다.

그러던 어느 날, 우연히 이 책의 집필에 관한 이야기가 오갔다. 정말 우발적이면서도 급작스럽게 이루어졌다. 당시 민주가 참가해 승승장구하던 TV토론 서바이벌 프로그램이 있었는데, 그 프로를 시청하겠다는 세훈이의 문자에 민주가 부끄러우니 보지 말라며 전화를 한 것이 시작이었다. 오랜만에 통화를 하며 자연스레 그 동안 못 다한 이야기들을 풀어내며 통화가 길어졌고, 대충 이런 이야기들이 오갔다.

민주 : 이제 좀 있으면 우리도 어른이네? 진짜 신기하다~ 좀 있으면 우리도 청소년? 아니야~ 어른? 맞습니다~ (큭큭큭큭) 아! 나 오늘 신문 보다가 고등학생이 출간한 책 홍보 기사 봤는데 완전 신기하더라. 관찰하는 거 좋아하는 고등학생이 관찰일지 같은 거 모아서 책으로 냈더라구. 순간 책 내는 고등학생도 있는데 난 입시공부에나 찌들어서 머리나 썩히고 뭐하는 거지 싶은 거야….

세훈 : 아 진짜? 근데 고등학생들 중에도 책 내는 사람 꽤 되는 것 같던데? 우리라고 못 낼 건 뭐래?

민주 : 와 정말? 지금 당장 출간하자(하하하하). 아, 근데 그냥 이

때까지 이래저래 써놓은 글들 모아서 한 권 내보는 건 어떨까 조심스럽게 생각해보긴 했어. 어차피 우리의 궁극적인 목표도 '사회에 선한 영향력을 끼칠 수 있는 지식인'이 되는 거잖아? 책을 내는 것이 그 실현 과정 중에 하나이기도 하고, 또 추억이 될 수 있을 것 같아서 말이야. 아 내가 고등학생 때 이런 생각을 가졌었구나~ 이런 거 있잖아. 우리가 어른이 돼서 사회에 나가면, 아무래도 여러 이해관계에 얽히게 될 테고 때(?)도 좀 탈 거 아냐~ 아직 순수할 때, 청소년일 때, 이때까지 썼던 글들 좀 다듬어서… 그냥 뭐 생각이지 그런 거 할 시간이 어디 있겠어….

세훈 : 오 좋은데? 나도 써놓은 글을 좀 있는데. 그럼 말 나온 김에 한번 같이 내볼래? 흥행하고 안하고를 떠나서 책을 출간했다는데 의의가 있는 거니까. 난 해보고 싶은 걸?

그렇게 아마추어 고등학생의 원고 집필이 시작되었다. 생각보다 누군가에게 보이기 위한 글을 엮어낸다는 것이 쉽지 않았지만, 우여곡절 끝에 한권의 책으로써 세상에 내보낼 수 있게 되었다.

이 책은 우리의 시각으로 쓰였다. 10대가 다 가기 전, 아직은 때가 묻지 않은 순수한(?) 청소년의 시각으로 썼다. 바로 이것이 이 책이 가지는 강점이다. 전문 지식인이 심도 있게 쓴 인문학 서

적은 많지만, 이 책에는 오로지 '청소년이기에' 경험할 수 있었던 이야기, 오로지 '청소년이기에' 문제의식을 느낄 수 있었던 주제들이 녹아있다.

세상은 바라보는 관점에 따라 얼마든지 다르게 보일 수 있다. 우리의 시각도 보통사람들과 조금은 다를 수 있다. 그러나 그것이 우리의 강점인 것이다. 우린 아직 어리고, 우린 아직 포기하기에 이르고, 우린 아직 세상과 부딪혀볼 만하고, 우린 아직 꿈에 도전해볼 만하기 때문이다.

이 책도 그 도전의 한 지류로 받아들여주시라. 아마 큰 지류가 될지도 모르겠다. 고등학교 학과공부를 하기에 급급해야 할지도 모르겠지만 그것이 전부가 아니지 않은가. 우릴 향해 대책 없이 덤빈다며 폄하하는 이도 있을지 모르겠다. 그런데 어쩌나, 이게 우린 걸.

C·O·N·T·E·N·T·S

01

획일성과
자율성

학생은 왜 통제의 대상인가
생활검열에서 두발 상태 적발된 이야기

백민주

교칙은 절대 진리, 예외란 없다. '어쨌든'으로 통한다

한국인은 모두 머리색이 검은색인가? 한국인은 모두 눈동자가 검은색인가? 아니다. 교과서에서 운운하는 '단일민족'은 이미 논란거리가 되어버린 지 오래인 지금은 21세기다. 이 책을 읽고 있는 당신이 학생이라면 더 잘 알겠지만, 학년마다 염색을 하지 않았음에도 날 때부터 머리색이 서양인에 가까운 친구들이 더러 있다. 또, 날 때부터는 아니더라도 자연 탈색 현상이 남들보다 유독 심해 아래쪽으로 갈수록 머리색이 밝아지는 친구들도 종종 있다. 유감스럽게도 필자가 후자의 경우다. 여태까지 살면서 염색이라고는 해본 적이 없음에도 염색한 친구들과 머리색이 비슷하다. 날 때는 자연 갈색에 가까우나, 자란 지 오래된 아래쪽 머리카락일수록 더 밝아지기 때문에 자체 그라데이션이 가능하다. 어떤가. 부러운가? 필자의 친구들은 필자를 부러워한다. 군이 돈 들여 염색하지 않아도 예쁜 머리색을 가지고 있으니 말이다. 그러나 실상은 학생이라는 신분에는 밝은 머리색이 곤란한 상황들을 만들어내기 일쑤다.

중학생 시절부터 고등학교에 진학한 지 2년이 넘은 지금까지 늘 같은 레퍼토리다. 생활검열이 있는 날에는 어김없이 머리색으로 지적받는다. 그럼 필자는 "선생님, 저 염색 아니에요. 자연이에요."라고 호소하고, 선생님은 그저 그런 변명쯤으로 여겨 "시끄러워. 조용히 해. 판단은 내가 해."라는 말로 가볍게 무시하신다.

"선생님, 제 머리가 날 때부터 밝은 경우는 아니라 염색으로 오해받기 쉬운 건 알고 있는데요. 햇빛만 쬐여도 탈색되는 머리카락을 가지고 있다 보니 갈수록 밝아져요. 필요하시다면 어머니께 전화해보셔도 괜찮아요."

"아, 토 달지 마. 자연이든 뭐든 월요일까지 검은색으로 염색해서 검사 맡아. 네가 아직 날 잘 모르는 모양인데, 선생님 그렇게 호락호락한 사람 아니다!"

그러나 선생님께서 그렇게 말씀하신다고 가만히 있으면 생활검열에 적발된 죄로 기합(때로는 체벌도 행해진다)과 벌점이 주어지는 데다 검은색으로 염색해서 검사를 맡아야 하는 상황이 벌어지기 때문에 절대 잠자코 있을 수는 없다. 생활검열이 끝나고 교무실로 찾아갔다.

"선생님. 아까 검열 때 염색으로 두발 지적받은 ○반 백민주인데요. 저 정말 자연이에요. 검은색으로 염색은 못하겠어요."

"그럼 검은색으로 염색해올 때까지 누적해서 점수 까이고, 기합 받고 해라. 내가 상관할 바 아니다. 뭐, 탈색이라고? 너 아침에 드라이기 쓰지? 매직(머리를 펴는 파마) 같은 거 한 적 있지? 다 그거 그래서 탈색되는 거야. 검은색으로 염색하고 앞으로 드라이기 쓰지 마. 네 머리가 튀잖아. 생활검열을 왜 하겠니? 학생답지 않게 하고 다니는 애들 잡으려고 하는 거야. 네 머리색이 탈색 때문이든 뭐든 그게 문제가 아니라 단정하지 못하다는 게 문제라고. 알아들어? 그리고 네가 자연탈색이니 뭐니 해서 봐주면 다른 염색한 애들도 죄다 자연 탈색이라고 버팅기면 되겠네?"

"선생님, 생활검열의 목적이 학생답지 않게 하고 다니는 애들 잡아내기 위함이라고 하셨죠? 그럼 학생다운 건 뭐고, 또 학생답지 않은 건 뭡니까? 학생은 어때야 한다는 기준은 누가 정한 건가요? 머리색이 어두우면 학생답고 머리색이 밝으면 학생답지 못하다고요? 전 세계에 몇 안 되는 '학생을 통제의 대상으로 여기는 나라'에 우리나라가 포함된다는 사실을 매우 유감스럽게 생각합니다만, 설사 우리나라 어른들의 잘못된 고정관념을 수용한다 하더라도 이건 경우가 좀 다른 것 같습니다. 분명히 머리색이 밝으면 안 된다는 건 학생은 공부'만' 해야 하는 나이라고 여기시기 때문에 자기치장 같은 데 관심을 두는 것을 처벌 대상으로 분류하는 걸로 알고 있습니다. 근데 선생님은 평생 염색이라고는 해보지 않은 학생을 오히려 염색하라고 부추기고 계시네요. 선생님들 말씀대로 공부에 집중해야할 학생이 학생답지 못하게 염색에 신경을 쓰도록 하고 계신다는 거예요. 염색하면 머리 상하죠, 돈 들어가죠, 시력 나빠지죠. 그뿐인가요? 염색은 한번 하기 시작하면 계속해야 하잖아요. 그럼 제가 이 나라에서 학교 다니는 6년 내내 검은색으로 염색하고, 물 빠지면 다시 염색하는 것을 반복해야 하나요? 공부에 전념해야 할 제 주의가 분산되는 것, 제 머리카락이 상하는 것, 제 사비가 들어가는 것, 제 시력이 나빠지는 것은 다 누가 책임지죠? 선생님이 책임지시나요?"

"아니, 이 자식이 진짜. 뭐가 어쩌고 어째? 참 나, 기가 막혀서. 확 그냥!"

"한번만 더 생각해봐주세요."

학생의 권리를 유린하면서까지 강행하는 교칙, 누구를 위한 교칙인가.

사실 선생님 입장도 굳이 이해하려 들자면 할 수는 있다. 400명에 가까운 학생들을 검열하면서 적발되는 그 많은 교칙 위반자들의 변명을 일일이 듣고 참작해줄 수는 없을 것이다. 변명도 가지각색일 테고, 그 변명 하나하나 들어주다보면 끝이 없을 테니 귀찮고 성가시기도 할 것이다. 선생님이라고 좋아서 학생 검열을 하는 것은 아니라는 말이다.

그렇다면 생활검열은 누구를 위한 검열일까.

왜 검열을 해야 하는 것일까?

왜 학생은 검열의 대상이 되어야 하는가?

왜 학생은 일어나는 순간부터 잠드는 순간까지 인간으로서 누려야할 기본적인 권리를 누리지 못하나?

왜 학생은 인간으로서 요구되는 적정 수준의 수면시간을 보장받지 못하나? (0교시를 위해 7시 50분까지 교문을 통과하기 위해서는 적어도 6시에 일어나 준비하기 시작해야 한다. 집이 더 멀다면 기상시간은 더 앞당겨질 것이다.)

왜 학생은 교복 안에 입는 셔츠의 색을 마음대로 고를 수 있는 권리가 없나?

왜 학생은 마음에 들건 들지 않건 교복을 입어야만 하나?

왜 학생은 양말의 색을 고를 권리가 없나?

왜 학생은 자기 신체 일부인 머리카락의 길이와 색을 결정할 권리가 없나?

왜 학생은 중노동과 맞먹는 에너지를 요구하는 공부를, 우리나라 노동법에 명시되어 있는 노동시간보다 더 많은 시간 동안 해야 하나?

왜 학생은 하루 종일 햇볕 한 번 쪼일 시간이 없나?

왜 학생은 야자시간에 신문 읽는 것에 죄책감을 느껴야 하나?

왜 학생은 아침 8시부터 야자 종료시간인 10시까지 총 15시간을 가로세로 1미터도 안 되는 걸상에 갇혀 있어야 하나?

(양계장의 닭과 비슷한 처지라 하면 가장 적절하겠다.)

학생에게는 의무만 있을 뿐 권리란 없다. 자신의 권리는 권력자(선생님으로 대표되는 어른들)에게 양도한 채 각종 불합리한 규율들에 침묵하는 법을 배우고, 나에게 지워주는 의무만을 충실하게 수행해내도록 훈련시키는 공간이 학교였던가?…… 이 모든 것이 선생님을 위해서도, 학생을 위해서도 아니라면 도대체 누구를 위한 것인지 생각해볼 필요가 있다.

검열의 이유에 대한 선생님들의 단골 답변이 있긴 하다. "보기에 안 좋다." 하지만 의문을 가져야 한다. 누구의 눈에 보기 좋아야 하나? 동네 주민? 지불 용의가 있는 고객(학부모)을 많이 확보하는 데 주력하는 것이 학교의 본분인가? 학교는 이익창출을 일차적 목적으로 하는 공간이 되어서는 안 된다. 학교는 학생들을 위한 공간이다. 학생들이 공부하는 공간이지 누구의 눈에 보기 좋고 말고를 따져야 하는 공간이 아니다. 이러한 발상은 학생들을 기본적 권리를 누릴 필요가 있는 인격체가 아닌 학교라는 '경제활동의 장'의 구성품쯤으로 여길 때나 가능하다.

뜬구름 잡는 소리라고? 현실적으로 어쩔 수 없다고?

혹 그래도 "현실적으로 학생들의 외양에 의한 학교의 이미지가 중요할 수밖에 없다."라고 하시는 선생님들이 있다면 질문을 드리고 싶다.

"그럼 선생님복은 왜 없나요? 모두 통일된 디자인의 옷을 입고, 모두 통일된 모양의 머리를 하고, 모두 통일된 색의 양말을 신는 것이 보기 좋음의 기준이자 학교의 이미지를 결정하는 요소라면 하루 빨리 선생님들도 통일된 디자인의 옷을 입어야 하는 거 아닙니까? 그렇게 노래를 부르시는 '학교 이미지'가 좋아진다는 데 말이죠. 만약 학교 선생님들의 실력이 날로 안 좋아져 이미지가 날로 실추하고 있다는 문제가 거론된다고 가정해봅시다. 그에 대한 해결책으로 선생님들에게 통일된 옷을 입혀 이미지를 좋게 하자고 주장한다면 어떨까요?"

당연히 질문을 받은 선생님은 어불성설이라 화를 내실 것이다. 옷이 아니라 선생님들의 실력을 증진할 수 있는 실질적인 방법을 강구하는 것이 이치에 맞는 처방일 테니 말이다. 학생들도 마찬가지다. 학교의 이미지를 좋게 만들어 '좋은 학생들이 입학하고 싶어 하는 학교'로 거듭나고 싶다면 학생들의 외양을 단속할 것이 아니라 선생님과 학생들 간에 신뢰와 유대감이 싹틀 수 있도록 노력해야 할 것이다. 그럼으로써 '학생들이 가고 싶어 하는 학교'를 만들어야 한다. 또, 학생들의 성적이 하락한다면 그 원인을 복장으로 돌려 검열을 강화하기보다는 학생들의 성적이 하락한 '보다 근본적인 원인'을 밝혀내는 데 주력해야 함이 옳을 것이다. 마지막으로, 학생들 중 일부가 탈선했다면 그것은 복장이 불량해서 탈선한 것이 아니라 탈선을 했기 때문에 복장이 불량한 것이다. 따라서 그 학생의 외적인 부분에 더 큰 외압을 가해서 제자리로 돌아오게 하려는 시도는 하나마나이고, 오히려 역효과를 불러올 가능성이 매우 크다.

다시 한 번 강조하고 싶다.

학교는 '학생들을 위한' 공간이다.
학생이 주체가 되어야 한다.

시대에 뒤떨어진 교육 패러다임

주입식 교육과 오지선다형 시험 방식

백민주

깊이 생각하고 깊이 깨닫는 것

필자는 고등학교를 졸업한 이후의 전공 공부만큼은 그 누구보다 잘해낼 자신이 있다. 어떤 대상이나 주제 혹은 현상에 대해 고찰하고 분석하고 그에 대한 생각을 밝히는 일은 늘 나에게 기분 좋은 짜릿함을 선사한다. 깊이 생각하여 무언가를 깨닫는 것. 그게 그렇게 재미있을 수 없다. 그래서 난 철학이 좋고, 글 쓰는 게 좋고, 토론이 좋다. 사실 필자는 책을 잘 빌려 보지 않고 사서 보는데, 이유는 단순하다. 특이한 책 읽는 버릇 때문이다. 책을 읽다가 마음에 드는 구절은 꼭 형광펜으로 그어놓아야 직성이 풀리고, 의문스러운 점이나 반박하고 싶은 내용에는 꼭 여백에 화살표를 그려 내 생각을 적어놓아야 직성이 풀린다. 누구에게 보여주기 위한 글은 아니기 때문에 구어체 그대로, 생각나는 즉시 끼적여 놓는다. 그렇기 때문에 '헐, 왜 이럼?' 혹은 '오! 맞아 맞아 완전 공감' 같은 감탄사도 책 여백에 수시로 등장한다. (여담이지만 사정이 이렇다 보니 필자는 다른 사람에게 책을 잘 안 빌려준다. 아니 부끄러워서 못 빌려준다.) 이런 성향으로 보아 대충 짐작이 가겠지만, 필자는 도서부 동아리에서 책을 읽고 이야기를 나누는 활동을 하거나, 누군가 나에게 논란거리에 대한 의견을 물어보거나, 토론대회에 참가하여 단상 위에만 서면 물 만난 고기처럼 신나서 떠들어댄다. 여러 가지 각도에서 문제를 바라보고, 그에 대한 나름의 기준을 세워 분석하고 주장하여 타인과 담론을 펼치며 소통하는 것이 좋다.

우리나라에서 학교 공부를 잘하기 위해 필요한 두 가지

그렇기 때문에 보통은 대개 내가 학교 공부를 아주 잘할 것이라 생각한다. 하지만 필자는 국영수 모두에 능통한 최상위 엘리트는 못 된다. 학교 공부에는 탁월하지 못한 것이다. 우리나라에서 학교 공부를 잘하려면 첫째로는 '내 생각'이 없어야 하고, 둘째로는 선생님이 주입시켜주는 내용들에 물음표를 찍어서는 안 된다. 물음표를 찍는 순간 주입이 불가능해진다. 그러나 불행하게도 난 그 두 가지를 다 가지고 있다. 나 자신을 온전히 '선생님화시켜 받아들여야만 맞출 수 있는 시험이 내신이다. 그러나 난 정반대로 끊임없이 선생님 것을 '내꺼화'시키고 싶어 하니……. 학교의 정상적인 일과에 충실하면서 방대한 시험 범위의 내용들을 모두 '내꺼화'시키는 것은 불가능에 가깝다는 것이 문제를 가중시킨다. 그렇다고 단순암기를 하자니 쉴 새 없이 물음표들이 괴롭힌다. 그러니 나로서도 괴로워 내신을 포기하자는 마음을 먹은 적도 한두 번이 아니다.

이런 딜레마에 빠져 있는 대표적인 과목이 윤리와 근현대사다. 필자가 다니는 학교의 교과과정만 해도 고등학교 1학년은 공통사회를 배우고 2학년 때부터 나에게 맞는 과목을 선택해 분야별로 공부한다. 필자는 중학생 때 《철학 통조림》이라는 책을 접하게 된 이후부터 철학의 매력 속으로 빠져들었다. 인간과 인간, 인간과 사회 사이의 상호작용에 대해 깊이 탐구한 것들을 익히고, 그것들을 생활에 적용시키는 일이 너무도 짜릿하고 좋았다. 철학에서는 인간미가 났다. 그래서 좋았다. 그런데 3학년인 지금 내가 선택한 '윤리'라는 과목은 도대체 인간미라고는 찾아볼 수 없다. 분명히 철학을 다루는 과목인데 말이다. 그 이유는 바로 매력덩어리 철학이 주입식 교육 방식과 오지선다형 시험이라는 어울리지 않는 옷을 입었기 때문이다. 철학은 깊이 파고들수록 오묘한 재미가 있고, 그것들을 내가 사는 현실과 연결했을 때 묘미가 있는 법이나, 현 교육체제 아래 윤리는 철학자들의 기본 입

장을 무미건조하게 나열하여 무조건적으로 외우도록 하고 있다. 누가 '어떤 주장'을 했는지가 핵심이어야 마땅한 학문이다. 그러나 어떤 주장을 '누가' 했는지가 가장 중요한 사항이 되어버렸다. 다섯 개의 선택지 중 네 개를 지우기 위해 밑도 끝도 없이 나열된 철학개념들을 사람별로 나누는 스킬을 배우고 있다. 그래서 필자는 철학은 사랑하나 윤리는 싫어한다. 그저 소모성 공부처럼 느껴진다. 이런 식으로 익히는 철학지식은 수능을 치름과 동시에 모두 까먹을 지식들이며, 익혔던 철학들을 실생활에 응용할 수 있는 능력이 없기 때문에 알아봤자 무용지물인 지식이다. 가고 싶은 학과 중에 '철학과'가 있다는 말을 하면 친구들의 반응은 이렇다. "철학? 그거 배워서 뭐하게? 공부 못하면 가는 학과 아니야?" 과목으로서의 철학을 먼저 접한 대부분의 고등학생들은 철학을 현실과 동떨어진 학문이라고 생각하는 것이다. 만약 내가 중학생 때 철학을 먼저 접하지 않고 그 매력을 알기도 전에 윤리 공부를 해버렸다면 어땠을까? 생각만 해도 아찔하다. 다른 친구들처럼 철학을 진부한 학문으로 치부하고 말았겠지. 따라서 철학에 흥미가 없었을 테고, 사고의 깊이는 지금보다 한없이 얕았을 테지.

근현대사도 마찬가지다. 현재 일어나는 일 중에는 어느 것도 과거와의 연관성 없이 갑자기 툭 튀어나온 것은 없다. 따라서 현재를 이해하기 위해서는 과거를 이해하는 것이 필수적이라고 할 수 있다. 즉, 모든 현상에는 원인이 있게 마련이다. 또한, 과거의 원인과 현재의 결과 사이의 인과관계를 파악할 수 있는 사람은 현재 하는 일들이 미래에 어떤 영향을 미칠지 가늠할 수 있는 능력을 가지기 때문에 이 나라의 미래는 물론이고 지구촌의 미래를 책임질 청소년들에게 역사공부는 매우 중요한 의의를 지닌다. 그러나 우리나라 역사공부는 이러한 의의에 걸맞은 교육 방식을 모색하지 못한 채 마찬가지로 주입식 교육과 오지선다형 시험방식을 적용하고 있다. 과거의 사건들만을 나열하여 시간 순서대로 외우고, 그와 관련된 인물들의 이름을 외우는 것이 역사공부라고 가르친다. 과거의 내용에서 머물기만 할 뿐, 현재나 미래와 연결하는 능력은 전혀 배양하려 하지 않는다. 학문의 진정한 의의를 망각한 채 성적을 점수화 시켜 한 줄로 세우려는 데만 치중한 결과다. 또 한 가지 안타까운 점은 역사라는 학문의 가장 큰 딜레마인 '역사의 양면성'에 관해서는 가르쳐주지 않는다는 것이다. "역사는 이긴 자의 기록"이라는 말이 있다. 따라서 역사를 현재나 미래와 연관해 적용하는 능력에 있어 역사의 양면성을 이해하고 포착해내는 안목은 필수적이라고 할 수 있다.

문학에 정말 정답이 존재 할까?

유명한 신경림 시인의 일화를 하나 소개해볼까 한다. 한 고등학교를 방문한 신경림 시인은 자신의 시 '농무'에 관한 문제 10개를 풀어달라는 부탁을 받았다고 한다. 놀랍게도 시인은 10문제 중 단 2문제만 정답을 맞힐 수 있었다. 작가의 의도를 묻는 문제의 답을 작가가 모른다면 누가 안단 말인가? 문학은 독자의 경험과 배경지식에 따라 여러 가지 방식으로 해석될 수 있고, 그런 함축성이야 말로 문학의 참 묘미다. 그런데 문학에 답이 존재한다고 한다. 선택지 다섯 개 중에 하나는 답이고 나머지 네 개는 답이 될 수 없단다. 어째서 이런 일이 가능한가 하니, 정답과 오답의 기준이 '선생님이 생각하기에 옳은 것과 그른 것'에 있다는 데 있었다. 따라서 학생은 선생님과의 텔레파시를 통해 스스로를 '선생님화시켜 사고하고 답을 선별해내야 한다. 필자의 1학년

1학기 중간고사 문학시험 중에 이런 문제가 있었다. 고전시가의 일부분을 A라고 표시해놓고 "다음 중 A에 나타난 시인의 모습과 가장 유사한 시를 고르시오." 하는 문제가 출제되었다. 필자가 A를 보니 작가의 호연지기적인 모습과 자연친화적인 모습이 섞여 나타나 있었고, 그중 어느 것이 더 우세하게 나타나 있다고 보기 어려웠다. 순간 많은 고민을 했다. 선생님은 A에 나타난 시인의 모습으로 '호연지기'를 보셨을까, '자연친화'를 보셨을까? 필자는 한참을 고민하다가 '호연지기'로 결정하여 답을 선택했고, 집에 가서 채점해보니 오답이었다. 다음 날 필자는 시험지 옆에 내 답도 정답이 될 수 있는 이유를 빽빽하게 적어서 들고 갔다. A 지문은 자연친화적인 모습과 함께 호연지기의 모습도 두드러지게 드러나 있다는 것이 주된 내용이었고, 주장을 뒷받침하는 구절들을 정확히 찾아 밑줄을 그어놓았다. 그걸 받아든 선생님은 긴급히 회의를 여시더니 조금 있다가 나를 불러 말씀하셨다.

"그래, 물론 너처럼 생각할 수도 있단다. 그런데 선생님이 이 문제를 낸 의도는 A의 자연친화적인 면모를 보고 답을 고르라는 거였어. 여기 이 부분을 보면 자연친화적인 면도 드러나잖니? 민주 너에게는 미안하지만, 답을 수정하기가 좀……. 선생님 말이 무슨 뜻인지 알지? 대신 이 문제 말고 다른 문제(필자는 명백히 복수 정답으로 인정되어야 하는 문제를 하나 더 제기했다)는 복수 정답을 인정하기로 했단다."

1학년 초인데다가 성실한 반장의 이미지, 나아가 학년장의 이미지로 "전산 작업을 모두 다시 하는 한이 있어도 답을 복수 인정 해내세요." 하며 대들기에는 무리가 있었다. 게다가 화내실 줄 알았던 선생님의 부드럽게 타이르는 듯한 어투에 당황하여 어쩌다보니 "네, 네." 하고 대답만 하다가 교실로 돌아왔다. "뭐래? 뭐래?" 하는 아이들에게 "내 답도 맞긴 한데, 선생님께서 문제를 낸 의도는 그게 아니래."라고 짧게 대답하고 말았다. 가만히 책상에 앉아 생각하니 국어문제를 모두 이렇게 바꿔야 할 판이었다.

"다음 중 응시자의 국어 선생님이 답이라고 생각하는 것은 무엇일지 맞춰보시오."

핀란드의 시험

그럼 어떻게 시험을 치는 것이 좋을까? 사실 오지선다형 시험 방식의 한계를 인식하고 교육 제도의 개선을 외치는 움직임이 있어왔으며, 그에 따라 논술, 서술형 평가 같은 제도들이 마련되었다. 그러나 둘 다 빛 좋은 개살구다. 논술 전형으로 대학에 합격하기 위해서는 상당한 수준의 수능 성적이 뒤따라주어야 하기 때문에 결국 논술 자체보다는 수능 최저 등급을 충족시키느냐 못 시키느냐에 따라 합격 여부가 달려 있다. 일단 거의 정시(수능 점수만을 기준으로 입학생을 뽑는 전형)로 합격할 만한 수능 등급을 받으면 논술은 어느 정도만 적당히 쓰면 합격시키는 식이다. 또 공교육 서술형 평가는 어떤가? 빈칸 단어 쓰기 식으로 내는 경우가 대부분이고, 혹 문장을 쓴다 하더라도 한 줄 혹은 두 줄의 단답식으로 제한되어 있다. 그냥 OMR카드에 적어내던 주관식 시험을 따로 종이에 친다고 보면 된다.

얼마 전 대중매체를 통해 핀란드의 교육방법들이 소개되면서, 우리나라의 현 교육체제에 대한 많은 사람들의 각성이 있었다. 우리나라 학생들이 불행하게 공부하는 데 비해 핀란드 학생들은 행복하게 공부하면서도 국제 학력평가에서 최상위권을 차지하고 있기 때문이다. 그런 핀란드의 시험법은 '에세이'다. 핀란드에서는 '공부 하다'라는 말 대신 '읽다'라는 말을 사용한다. 시험을 보기 위해서는 다양한 책을 읽고 완전히 자신의 것으로 만들어야 하기 때문이다. 에세이 시험은 단편적인 지식 암기 여부를 판단하는 것보다는 그것들은 얼마나 잘 체화시켜 활용하고 자기 안에서 펼쳐나가는가를 중점으로 한다. 이런 것이 바로 학문공부다. 필자가 문과다 보니 문과과목만 이야기했지만, 이공계도 이와 다를 바가 없다. 핀란드에서는 시사적인 문제를 수학과 물리를 결합한 형태로 출제하고 있다. 사회적으로 이슈가 되고 있는 문제를 선정해 방사능 수치 계산 문제, 현재 주식 시세 상승률, 회사의 자본금 성장률 등을 묻는 문제가 출제된 바 있다. 단순히 공식을 암기하고 변수에 맞는 식을 세워 풀어내는 기계적인 능력이 아닌 창의적인 문제 해결능력을 시험하는 것이다. 그런 능력을 가진 인재가 진정 21세기에 필요한 인재상이다. 그에 비하면 우리나라는 과거 60년대부터 행해지던 교육방법에서 벗어나지 못한 채 시대에 뒤떨어져 있는 셈이다. 비록 점차 단편적인 지식을 묻는 문제에서 벗어나고자 몸부림을 친 결과 수능이 만들어졌다고는 하나, 학교 내신의 문제 유형은 여전하다. 게다가 최근에는 내신 시험의 결과로 입시가 결정되는 수시 비중이 대폭 확대되었으니 주입식 교육의 영향력은 더 커졌다고 할 수 있다. 어찌되었든 오지선다형이라는 근본적인 큰 틀 자체가 변화되지 않는 한 계속해서 한계가 존재할 수밖에 없다.

그럼에도 왜 우리나라는 오지선다형 방식과 단답식 서술형 시험에서 벗어나지 못하는 걸까? 이유는 딱 한 가지다. 선생님 열 분에게 물어보면 열 분 모두 이렇게 답하신다.

"진짜 논술로 쓰면 채점하기 어려우니까."

사실 같은 이유로 우리나라 대학 입시 논술도 진정한 논술은 아니다. 제시문을 주고 그 제시문 안에서 벗어나지 못하도록 해놓았다. 그래야 다름을 인정하지 않는 공통의 기준 아래 한 줄로 세울 수 있기 때문이다. 결국 오지선다형 방식에서 벗어나기 위해서는 한 줄로 세우는 교육 패러다임의 전환이 우선되어야 할 것이다.

경쟁 교육을 하지 말자는 것이 아니다. 다만, 줄을 세우되 다층적으로 세우자는 것이다. 핀란드에서는 학생들이 평가받을 때 'A과목은 잘하지만 B과목은 부족한 아이' 혹은 'A능력은 뛰어나지만 B능력은 부족한 아이'로 여겨지는 반면, 우리나라에서는 그저 한줄 서기에서 '~등'인 아이로 평가될 뿐이고, 그 등수가 그 아이의 인생에서 절대적이다.

언제까지 우리나라의 귀한 인재들을 잃을 것인가? 하루 빨리 학문의 진정한 맛을 느끼며 지식을 체화시키고, 음미하고, 응용하고, 활용하고, 자기만의 세계에서 확장시켜나가는 21세기형 인재를 길러야 할 것이다.

03

언수외 기계 공장

학벌주의사회에서 잘 살아남아 봅시다.

박세훈

언수외 마스터키만 있다면...

대한민국의 고등학생이 대학교를 잘 가려면 어떻게 하면 될까? 언수외만 잘하면 된다. 언수외란 언어영역, 수리영역, 외국어영역의 줄임말이다. 소위 말하는 명문대학을 가기 위해서라면 특히 수학을 잘하면 장땡이다.

이과든, 문과든
공대 지망생이든, 인문대 지망생이든
꿈이 수학자든, 꿈이 철학자든

아무 상관없다. 그냥 언수외만 잘하면 자기가 하고 싶은 일을 할 수 있다. 무언가 불편하지 않은가?

그러다보니 자연스레 학교에서도 언수외를 중심으로 시간표가 짜인다. 고등학교에서의 체육, 음악, 미술 등의 예체능과목은? 현 교육과정에 의하면 지나친 사치다. 언수외가 반복되는 시간표를 돌려서 기계로 만들어도 모자랄 판인데 음악, 미술 수업이라니?

이러한 현실이니 요즘은 초등학생들도 수학학원과 영어학원을 뺑뺑이처럼 돈다고 한다. 초등학교 저학년 아이가 토플공부를 한단다. 그리고 초등학교 고학년 아이가 고등학교 이과수학을 공부한단다. 나는 그 나이에는 축구, 피구 등을 하며 뛰어놀기에 바빴던 걸로 기억하는데…….

초등학교 때부터 이어오는 사교육은 마지막 관문인 수능을 치르기 전까지 이어진다. 학교에 다니는 자녀를 둔 가정에서 사교육비는 부담으로 다가올 수밖에 없으며, 학교와 학원과 집을 다람쥐 쳇바퀴 돌 듯 하는 아이들이 육체적으로나 정신적으로나 건강할 리 없다.

언수외만으로 대학을 가는 이상한 현상이 우리나라를 지배하고 있는 것 외에 나는 우리나라의 교육풍토에도 문제가 있다고 생각한다.

학교에서 수업을 받는 도중에 자주 들리는 말이 있다. 학교선생님들은 수업시간에 잠을 자는 학생에게는 "지금 그 성적에 잠이 오냐?" 그리고 수업시간에 떠드는 학생에게는 "그렇게 떠드는

거 보니 시험 잘 쳤나보네?"와 같은 말을 일상 언어로 사용한다. 학생이 쇠고기가 아닌데 교과등급으로 사람의 등급이 매겨지기 라도 하는 듯이 말한다. 1등급 한우가 좋은 고기이듯이 교과 1 등급 학생은 좋은 학생인가? 도대체 그런 판단기준은 왜, 그리고 어떻게 나온 것일까?

아마 우리 사회가 승자독식 사회이고 학벌주의 사회인 것이 가장 큰 몫을 하지 않았나 싶다. 물론 좁게 보면 '상대평가' 때문이라고도 할 수 있다. '상대평가로 9등급을 매김으로써 학생들의 등수가 매겨지기 때문이다.

그런데 이런 비정상적인 교육현실에 죽어나는 것은 학생만이 아니다. 자녀의 교육비를 감당해야 하는 아빠들, 집-학교-학원-집의 순환코스를 위해 '레이서'가 되어야 하는 엄마들도 같이 고생하는 게 현실이다.

비정상적인 교육 현실, 도대체 무엇이 잘못된 걸까?

그러나 그보다도 가장 근본적 이유는 '대학서열화' 현상과 '학벌주의' 때문이라고 생각한다. 교육과정상의 문제만으로 치부해 버리기에는 우리나라 교육현장, 입시현장에서 벌어지는 일들이 너무나도 비정상적이기 때문이다. 먼저 '대학서열화' 현상을 보자. 아주 손쉽게 이해할 수 있는 예를 들 수 있다. 자, 1억 원을 내면 자녀가 서울대학교에 입학할 수 있다고 치자. 그렇다면 자녀를 서울대학교에 보내기 위해 1억 원을 내지 않을 부모가 몇이나 될까? 만약 자금조달능력이 된다면 말이다. 우리나라의 대학은 서울대학교를 정점으로 소위 SKY를 중심으로 서열이 매겨져 있다. 그래서 모든 수험생은 조금이라도 더 높은 레벨의 대학에 들어가기 위해 승자독식게임에 몸을 던질 수밖에 없는 처지다. 그리고 우리 사회는 '학벌주의'가 만연한 사회라는 것을 부정할 사람은 별로 없을 것이다. 객관적인 수치가 있는 것은 아니지만 취직할 때 명문대 출신과 지방대 출신 그리고 지방대 출신과 고졸 출신에 대한 차별이 존재한다. 이게 너무도 심하기에 회사에서 새로운 직원을 채용할 때 지방대 출신 지원자의 서류는 거들 떠보지도 않는다는 말이 나올 정도다.

'학벌주의'와 '대학서열화' 현상의 복합적인 작용과 함께 우리 사회 지도층의 대부분은 학벌에서도 높은 층을 차지하고 있다. 아니 좋은 학벌이 없다면 사회 지도층으로 진출하는 것은 너무나도 힘들다. 거의 대부분 그렇다고 보면 된다.

최근 이런 학벌주의를 타파하기 위한 노력이 이어진다고는 하는데 근본적인 문제해결은 전혀 하지 못하는 것 같다. 그나마 사소한 것이지만 감동한 적이 있는데, 2012년 4월 11일 총선에서 진보신당이 비례대표 출마자들의 학력을 공개하지 않은 것이다. 학벌주의를 타파하기 위한 작은 방법의 일환으로 채택한 진보신당의 특별한 정책이었고, 정말로 새로웠으며 바람직한 정책이어서 다른 모든 당도 시행했으면 하는 생각이 들었다. 왜냐하면 총선 관련 홍보물을 볼 때 거대정당들의 비례대표의 출신 대학이 자세히 나와 있기에 비교하면서 보았기 때문이다.

물론 이러한 작은 정책만이 아니라 법으로 제정하는 방법도 있다. '학력차별금지법'이 바로 그것이다. '학력차별금지법'은 말 그대로 사회생활을 하면서 학력 때문에 차별하는 모든 행위를 금지하는 법이다.

이에 대한 논쟁이 치열하다. 아마도 학벌 카르텔에서 상층부를 차지하는 사람들은 대부분 반대할 것이고, 그렇지 못한 다른 사람들은 적극적인 찬성을 외칠 것이다. 이것은 자기들의 계급이익을 충실히 대변하는 지극히 자연스러운 현상이다.

그렇다면 우선 '학벌주의 타파'와 '대학서열화 문제해결'을 사회적 이슈로 만드는 것이 중요할 것이다. 물론 국립대학 통합 네트워크 등의 방법을 통해 대학평준화를 하는 방법이 가장 획기적이고 근본적인 문제해결을 가져올 수 있는 것이리라. 하지만 사회적으로 그 안건에 대해 합의를 이끌어내기가 쉽지 않을 것이다. 권력을 쥐고 있는 사람들의 다수가 서울대학교 출신이기 때문이다.

어쨌거나 프랑스처럼 대학을 평준화시키자는 구호를 내세우는 것도 좋지만, 그보다는 사회적으로 논의의 대상이 될 만한 이슈로 만드는 것이 더 중요할 것이다. 하지만 이것은 쉽지 않다. 왜냐하면 앞서 말했듯이 대부분의 사회 지도층은 좋은 학벌과 상위 서열을 가진 대학 출신이기 때문에 말하자면 자기들이 손해 보는 장사를 하고 싶어 하지 않을 것이기 때문이다.

가난의 대물림과 부의 대물림이 일어나고 있다.

거기에 이제는 학벌의 대물림까지 일어나고 있다.

곧 있으면 계급의 대물림까지 일어날지도 모르겠다.

이런 현상이 일어나는 사회가 바람직한 사회는 아니라는 것을 사람들은 안다. 그렇다면 어떻게 해야 할까? 관심 촉구와 사회적 이슈로 만들어졌으면 하는 바람으로, 물음의 형태로 마무리하겠다.

04

교칙은 '무대뽀(막무가내)'

여름에 카디건을 압수당하다

백민주

여름에 카디건을 빼앗기다

남들은 겨울에 추워서 고생한다지만, 역설적이게도 난 여름마다 추워서 고생이다. 기계문명의 거룩한 발달로 뙤약볕이 내리쬐는 한여름에도 실내가 서늘하다 못해 춥기까지 한 것이 그 원인이다. 필자는 초여름까지 겨울잠옷을 입고 잘 정도로 추위를 타는 허약 체질로, 소위 개도 안 걸린다고 하는 여름 감기를 밥 먹듯 앓기 때문에 장시간의 에어컨 노출은 말 못할 고통이 아닐 수 없다.

많은 학교가 그러하듯 필자의 중학교도 교복 위에 다른 겉옷을 입는 것을 단속했다. 여름은 물론이거니와 겨울에도 허용되지 않았다. 누구에게 보여주기 위함인지는 알 수 없으나, 보기에 안 좋다는 것이 이유였다. 그러나 교칙을 100퍼센트 지키는 학생이 얼마나 될까? 나 역시 우선 내가 살고 봐야겠기에 눈치껏 겉옷을 들고 다니면서 짬짬이 입었는데, 문제는 중학교 3학년 여름에 일어났다. 운도 없지, 하필 자리가 천장에 설치된 에어컨 바로 밑에 배정되어 흡사 냉장고 안에 들어가 있는 것 같았다. 으슬으슬한 기운이 들어 카디건을 입고 있었는데, 그만 기장(옆 동네)에서 새로 부임해 오신 호랑이 학년부장 선생님께 딱 걸리고 만 것이다.

"너 이 자식, 이리 와. 이게 더위를 먹었나? 한여름에 뭔데 카디건을 덮어쓰고 있냐?"

"죄송합니다. 자리가 에어컨 바로 밑이라 추워서요."

"그럼 에어컨을 끌 것이지, 교칙에 겉옷 안 되는 거 몰라? 이리 가져와."

난 내가 춥더라도 40명의 아이 중에는 에어컨 바람을 계속해서 원하는 학생이 있기 마련인데다 스스로 남들보다 유난히 추위를 많이 탄다는 사실을 아는 터라 함부로 에어컨을 끌 수 없었다고 말했으나, 결국 "이게 어디서 따박따박 말끝마다 토를 달아? 시끄럽고! (카디건은) 졸업할 때 찾아가."라는 위압적인 꾸짖음만 듣고 말았다.

카디건은 가장 기본 디자인의 검은색, 심지어 로고까지 검은색 자수로 되어 있는 것이었다. 아래위로 검은색이었던 우리 학교 교복에 카디건이 튄다든가 학생답지 못해 보인다거나 한 것은 아니었다.

교칙은 절대적으로 옳은가?

오래 입겠노라 약속하고 사달라고 조른 아주 고가의 카디건을 산 지 얼마 되지도 않아 빼앗겨버렸으니 어머니께 혼날 걱정이 앞서는데다, 분명히 이건 너무나도 불합리했다. 학생답지 못한 디자인도 아닌데(평소에 '학생답다'는 표현에 상당한 어폐가 있다고 생각하지만, 통상적인 기준에서 학생답지 못하다고 이야기되는 정도에 한참 못 미치므로) 단지 교복이 아니라는 이유만으로 겉옷을 입지 못하고 추위에 벌벌 떨어야 하다니. 수많은 사람의 희생을 통해 인권 보장이 확립되었다는 21세기에 학생이 무슨 죄를 지은 죄수도 아니고, 추울 때 내 몸 내가 보호할 권리조차 박탈당한 채 살아가야 하다니……. "복지, 복지!" 하고 외치는 세상이다. 최소한 인간이 인간답게 살아가게 해주어야 하는 복지의 기본은 '의식주의 보장'이다. 그럼에도 학생이 '의'를 보장받지 못한다는 사실이 아무렇지 않단 말인가? 옷이 없어서 못 입는 것도 아니고, 부모님께서 힘들게 땀 흘려 버신 돈으로 당신 딸 춥지 않게 공부하라고 사주신 옷이 버젓이 있는데 말이다.

대한민국 헌법 제34조 '생존권'에도 명시되어 있다. "모든 국민은 인간다운 생활을 할 권리를 가진다." 교칙은 헌법 위에 있나 보다.

감기에 걸리면 결국 고생하는 건 나 자신이고, 부모님 돈을 들여 치료를 받아야 하며, 학업 수행 능력에까지 지장을 주는데, 학교에서는 앞뒤 가리지 않고 그저 교칙이라는 말로 일관한다. '과연 교칙이 절대적으로 옳은가?' 하는 의문을 한번쯤은 품을 줄 아는 지식인이 선생님 아니던가. 당시 중학교 3학년인 나도 품었던 의문을 왜 선생님들은 맹목적으로 따르는지 알 수 없는 노릇이다. 융통성이라고는 없다. N명의 사람이 있으면 N가지의 체질이 있게 마련이다. 모두가 평균이면 좋겠지만 분명히 특이한 체질의 학생이 있기 마련이고, 그중 한 명이 나다. 그럼 추울 경우 카디건을 걸치는 것 외에 교칙에 어긋나지 않는 범위 내에서 할 수 있는 조치가 있는가 하면 그것도 아니다. 교칙만큼이나 '무대뽀'인 것이 또 있으랴.

학교의 이중성

분명히 난 내 생각에 일리가 있다고 생각했고, 앞으로 내가 어떻게 추위에 대처하면 좋을지에 대한 답도 듣고 싶은데 도무지 호랑이 선생님을 다시 찾아갈 엄두가 나지 않았다. '아직 미성숙한 학생들이 말하는 건 들을 필요 없어.'라는 공식이 머릿속에 자리한 선생님들은 무슨 말을 해도 흘려들으시고는 그저 학생이 선생님에게 찾아와서 선생님의 결정에 대해 왈가왈부한다는 사실 자체에만 분노하는 경우가 다반사였기 때문이다. 결국 내가 선택한 방법은 학교 홈페이지에 글을 올리는 것이었다. 천만다행으로 홈페이지에는 학생이 고충을 올리면 답변을 해주는 공간이 마련되어 있었기 때문이다. 학교가 학생들과 소통하려는 의도가 보이는 공간이니 거기에 글을 쓰면 뭔가 해결될 것 같다는 생각에 무척이나 들떠서 글을 써내려갔다.

"안녕하세요. 3학년에 재학 중인 백민주라고 합니다. 다름이 아니라 궁금한 점이 있어 여쭈어보고자 글을 쓰게 되었어요. 제가 추위를 잘 타는데……. 결론적으로 제가 앞으로 추울 때 교칙에서 벗어나지 않는 범위 내에서 할 수 있는 조치에는 무엇이 있는지 알고 싶습니다."

공손한 글이었고, 글의 목적도 '따지고자 함이 아닌, 앞으로 내가 취할 수 있는 조치를 알려달라는 것'임을 분명하게 밝힌 글이었다.

다음 날 학교가 발칵 뒤집어졌다. 담임선생님께서는 부모님께 전화하셔서 이런 일이 있는데 어머니는 알고 계셨는지 물었고, 어머니께서 알고 있었다고 하시니 왜 부모님께서 아이를 막지 않으셨냐며 어머니를 몰아세웠다. 나에게도 불같이 화를 내시며 당장 홈페이지에 접속해서 글을 지우라고 하셨다. 중학생이었던 나로서는 전혀 공격적인 글이 아니었음에도 이런 반응을 보이는 것은 아마 학교 측에서 생각했을 때도 할 말이 없는 부분이었기 때문일 것이라고 짐작했다. 그러나 학교의 위선과 또다시 마주하는 순간이었기에 화가 나는 것은 어쩔 수 없었다.

"선생님, 제 글은 철없는 학생이 논리성 없이 막무가내로 비난하는 글이 아니잖아요. 저는 공손하게 저 같은 아이들이 취할 수 있는 조치에 대해 질문을 드렸어요. 그리고 이 정도 글을 가지고 지우라고 할 것 같았으면 홈페이지에 그런 공간은 왜 만들어놓으신 건가요?"

역시나 내 물음은 오히려 선생님의 화만 더 돋우었다.

"아니, 이게 그래도....."

난 울면서 글을 삭제했다. 어렸지만, 그 당시에도 주관이 뚜렷했던 나에게는 상당히 굴욕적인 순간이었다. 나중에 담임선생님께서 하시는 말씀을 들어보니 이랬다.

"네 입장도 충분히 이해하지만, 교무실에 계신 선생님 중 대부분은 너의 입장보다는 '그런 공간에 그런 글을 올리는 학생은 학교 체제에 순응하지 않는 반항적인 학생'으로 낙인찍고 부정적인 시선으로 바라본단다. 또, 네가 아직 어려서 잘 모르겠지만, **중학교는 이러나저러나 네가 다니고 있는 학교이고, 졸업 후에도 너에겐 **중학교 출신이라는 꼬리표가 따라다닐 거야. 그런데 우리 학교가 공개적인 자리에서 학교 내의 문제점이 노출되어 이미지가 나빠진다면 결국 자기 얼굴에 침 뱉는 꼴이란다."

교칙은 왜 존재하나

현실의 잔혹함을 알기에 아직 어렸던 나에게 카디건 사건은 크나큰 충격을 안겨주었다. 우선은 '사회시간에 배운 민주사회란 진정 존재하는 것일까? 민주사회인 척하고 싶은 사회는 아닐까?' 하는 의문을 품게 되었고, 다음으로는 내가 하나의 인격체로서 존엄성을 지닌 사회구성원이 아니라 기득권층이 만들고 있는 '그들을 위한 커다란 기계'의 부속품으로 전락한 듯한 기분이 들었다. 여러 학생이 생활하면서 생길 수 있는 불편함을 해결하기 위한 기준이 되는 교칙이 아닌, 복장과 같은 외적인 통제에만 치중되어 있는 우리나라의 교칙은 도대체 '누가' '어떤 의도'로 만든 것일까? 왜 우리나라 학생들은 통제의 대상으로만 여겨지는가?

그때 품었던 그런 의문들은 고등학생이 된 이제서야 조금씩 실마리가 보이는 듯싶다. 첫 번째 실마리는 일제 강점기부터 교복을 입기 시작했다는 데 있으며, 두 번째 실마리는 일제 강점기 독립운동과 군부독재시절 민주화운동의 상당 부분에 학생이 가담했다는 사실에 있고, 세 번째 실마리는 그 학생의 에너지가 당시 기득권층을 위협하기에 충분했다는 데 있다. 이 세 가지 실마리만 조합해 봐도 어째서 당시 정부가 학생을 '통제'의 대상으로 취급할 수 밖에 없었는지 쉽게 짐작할 수 있다. 이러한 위압적이고 융통성 없는 교칙들에 대한 새로운 반성이 필요하지 않나 생각해본다.

05

대통령을 욕할 권리

어떠한 이유에서든 표현의 자유는 침해되어선 안 된다

박세훈

이제는 바야흐로 1인 미디어 시대

트위터, 페이스북, 미투데이, 카카오스토리…….

최근 유행하는 SNS(Social Network Service)의 종류다. 스마트폰이 전 세계적으로 확산되고 유행하면서 스마트폰을 이용해 언제 어디에서든 편리하게 사람들과 소통할 수 있는 SNS의 인기도 상당하다. 우리나라의 스마트폰 배급이 2천만 대가 넘었다고 하니 전체 국민의 절반에 가까운 숫자가 스마트폰 유저라는 걸 뜻한다.

기존의 전화 통화나 문자메시지의 한계를 뛰어넘고 인터넷상의 블로그에 근접하면서 SNS의 사용빈도는 급증하고 있다. 짧은 글들로 빠르고 편리하게 다수의 사람과 소통하는 것이 SNS의 핵심이다.

그에 따라 이러한 SNS는 최근 정치적인 용도로 많이 사용되곤 한다. 서울시장 보궐선거로 당선된 박원순 서울시장도 SNS의 효과를 톡톡히 본 사례다. 시장이 되고 나서도 트위터로 활발한 소통을 이어간다고 하니, SNS의 순기능이 제대로 작동하는 것 같다.

예를 들어, 길을 가다 열려 있는 상태로 위험하게 방치되어 있는 맨홀을 본다거나, 전깃줄끼리 엉켜 아찔한 모습을 하고 있는 전신주를 본다면 그 자리에서 사진을 찍어 SNS로 전송하는 것이다. 그렇게 해서 시정된 맨홀, 전신주, 보도블록 등이 많다고 한다.

한편, SNS의 가장 큰 매력은 하고 싶은 말을 마음껏 할 수 있다는 점일 것이다. 바쁜 일상 속에 살아가는 현대인들은 타인과의 소통에 목말라 있다. 그러한 욕구를 SNS가 해소시켜줄 수 있는 것이다. 그렇기에 사람들이 트위터나 페이스북에 열광하는 것이고.

하고 싶은 말을 마음껏 할 수 있는 것, 즉 '표현의 자유'를 마음껏 누릴 수 있는 것이 장점인데 최근 '표현의 자유'의 범위와 정도를 놓고 많은 논쟁이 오가곤 한다. 기본적으로 자유라 함은 타인의 권리를 침해해서는 안 되기 때문이다.

'악랄함' 까지 용서되는 너그러운 표현의 자유

표현의 자유와 관련해서 재미있는 일화가 있다. 미국의 외설잡지 〈허슬러〉가 맥주 광고를 실었는데, 이러한 외설적인 잡지와는 정반대의 성향을 가졌다고 할 수 있는 보수 성직자 제리 폴웰 목사를 가상 인터뷰한 형식의 광고였다고 한다. 그 광고는 다음과 같았다.

폴웰 : 내 첫 경험은 교외의 한 옥외 화장실에서였습니다.

기자 : 좁아서 좀 불편하지 않았나요?

폴웰 : 그놈의 염소를 차서 쫓아낸 뒤엔 그렇지도 않았지요.

기자 : 음…… 한번 자세히 얘기해주시죠.

폴웰 : 난 사실 엄마와 그 짓을 하리라곤 전혀 생각지 않았습니다. 그러나 엄마가 마을의 모든 남자와 놀아나는 걸 보고는 생각했지요. 까짓 거, 뭐.

기자 : 아무리 그래도 좀 역겨운데요.

폴웰 : 우리는 그때 ○○맥주를 먹고 취해 있었거든요. 그 술 참 좋던데요?

이러한 내용을 주로 해서 인터뷰는 더 이어졌다고 한다. 이런 내용의 '광고'가 잡지에 실린다는 사실을 상상이나 할 수 있겠는가. 당연히 미국 사회는 난리가 났고, 법적 공방으로까지 이어졌다. 일반적으로 우리가 생각하기에는, 특히 최근의 우리나라에서 일어났던 일들을 떠올린다면 해당 잡지사는 일찌감치 문을 닫고도 남았을 것이다. 최종심 선고에서는 대법관들의 만장일치로 쓰인 판결문이 읽혀졌다고 한다. 그 판결문의 핵심은 이랬다.

"미국 시민의 특권 중 하나는 공적인 인물이나 정책을 비판할 권리다."

판결문은 이러한 비판이 비판 대상에 대해 악의를 가지고 한 것이라도 허용되어야 한다고 밝혔다. 비판의 동기를 문제 삼아 불이익을 주는 것은 부당하기 때문이다. 또한 감정적으로 한 말일지라도 그 또한 진실을 추구하는 데 기여한다고 판단했다.

일반적인 사람들의 시각으로는 이해하기 어려운 측면이 많을 것이다. 다들 '표현의 자유'가 보장되어야 한다고 생각은 하지만 저 정도의 '악랄한' 표현은 지나치지 않는가 하는 것이다. 하지만 이 생각에는 맹점이 있다. 그 '악랄함'의 기준이 명확하지 않기 때문이다. 지극히 주관적인 기준이 아닐 수 없다. 이렇듯 표현의 자유 영역은 옳고 그름을 가리기가 매우 어려운 영역이다. 어떻게 보면 옳고 그름을 판별할 수 있는 것이 아닐 수도 있다.

하지만 대통령을 욕보이는 글을 인터넷에 게시했다는 이유 하나만으로, 대통령을 풍자하는 그림을 포스터에 그렸다는 이유 하나만으로 많은 사람이 조사를 받았고 처벌도 받았다. 표현의 자유를 악용한 인신공격은 옳지 않다. 그러나 그보다 표현의 자유 영역을 침해하는 '지나친 공권력의 행사'가 더 잘못된 것이라고 생각한다.

마음껏 표현하고 싶은 인간의 욕망. 더욱더 대담하게!

한편, SNS는 글을 게시하기가 쉽고 실시간으로 많은 사람과 소통할 수 있기 때문에 그에 따른 문제도 많이 발생한다. 대표적인 실수가 감정적인 상태에서 글을 쓰는 것이다. 생각보다 많은 사람이 감정이 격해졌을 때 SNS에 글을 올리곤 한다. 그러다가 잠시 후, 말하자면 이성을 되찾고는 후회를 한다. 그러나 SNS의 특성상 쉽게 지울 수 없다. 짧은 시간 동안 이미 많은 사람이 보았기 때문에 지운다고 해도 그 흔적을 기억하는 사람이 있게 마련이다. 하지만 감정적으로 격해진 상태에서 SNS에 글을 올렸다가 자신의 SNS를 공유하고 있는 많은 사람에게 위로와 격려의 말을 듣고는 감정이 가라앉는 경우도 있다.

나 같은 경우에도 기분이 많이 좋지 않았을 때 SNS에 글을 올린 적이 있었다. 물론 나름대로 감정조절을 했기에 격한 언어를 사용하지는 않았다. 그 게시물을 올린 후, 나와 친구가 맺어져 있는 많은 사람이 다양한 방법으로 위로와 격려의 말을 전해 왔기에 내 기분은 한결 나아질 수 있었다. SNS가 마음의 치유사 역할을 한 것이다. 아, 물론 정확히 말하면 나의 SNS 친구들이 한 것이지만.

또 SNS는 무엇인가를 찾는 기능도 한다. 많은 사람이 알고 경험했듯이 SNS를 통해 연락을 주고받은 지 오래된 친구, 이사를 간 친구, 동창인 친구 등을 찾게 된다. 사람뿐만이 아니다. 잃어버린 애완동물, 물건 등을 찾는 데 SNS가 쓰임을 받기도 한다.

이런 SNS의 특성을 잘 활용한다면 바쁜 일상 속에서 살아가는 현대인의 '누군가에게 무엇인가를 표현하고픈' 욕구를 해소할 수도 있고, 다른 사람들과 직접적인 접촉을 하지 않고도 사회적인 관계를 계속 이어나갈 수도 있고, 무엇보다도 내가 하고 싶은 말을 마음대로 할 수 있다.

이와 함께 최근 우리나라 사람들은 자극적인 폭로에 많이 열광하는 것으로 보인다. 이런 예로 〈나꼼수〉와 〈개그콘서트〉를 들 수 있다. 먼저, 〈나꼼수〉는 '나는 꼼수다'의 줄임말인데 팟캐스트 라디오 프로그램의 하나다. 팟캐스트 라디오는 일반적인 라디오와 달리 시간대에 따라 시간에 맞춰 듣는 것이 아니라 업로드 된 파일들을 다운로드받아 자신이 원하는 시간대에 언제 어디서든 들을 수 있는 방식이라고 보면 된다. 따라서 일반적인 라디오보다 더 많은 청취자를 확보할 수 있으며 '정식 방송'이 아니기에 '방송'으로서의 법적제약을 받지 않는다.

〈나꼼수〉는 이러한 점을 이용해 정부 비판에 날을 세운다. 이명박 대통령의 과거를 포함해 측근비리, 국가운영의 잘못 등을 날카롭게 지적한다. 아무런 제약 없이 말을 던지다보니 지나치게 음모론으로 빠지면서 사실 확인되지 않은 이야기를 마구 던지기도 한다. 〈나꼼수〉는 이러한 자극적이고 우스꽝스러운 정부 비판, 아니 정확하게 말하면 대통령 비판으로 한때 큰 인기를 누리기도 했고, 지금도 그 인기는 여전한 것으로 안다.

그리고 〈개그 콘서트〉는 오랜 기간 동안 꾸준히 국민의 사랑을 받으며 방송되는 몇 안 되는 TV 프로그램 중 하나라고 할 수 있다. 〈개그 콘서트〉라는 프로그램은 그대로지만 오랜 기간을 거치면서 코너들은 자주 바뀌곤 한다. 최근에 인기 상종가를 치고 있는 코너는 '용감한 녀석들'이라는 코너다. 세 명의 개그맨이 나와 각각 한 가지씩 폭로 또는 직설적인 발언을 하고 들어가는 형식이다. '표현의 자유'를 적극 활용한 개그라고 볼 수 있다. 물론 건전한 소재와 가려운 곳을 긁어주는 것 같은 시원시원한 내용이 많기에 문제의 소지를 갖고 있다고 보기 어렵다. 그래도 최근 우리나라 사람들이 그러한 '자극적인 폭로'를 열광한다는 점을 알 수 있다. '용감한 녀석들' 이외에도 사라진 코너 중 사회풍자를 주로 일삼았던 코너들이 인기를 한 몸에 받았던 적도 있다.

한편, 사람들은 한 번 자극받으면 계속해서 더 자극적인 것을 찾으려는 속성을 가지고 있다. 그래서 〈나꼼수〉는 사람들의 기대에 부응하기 위해서라도 비판과 폭로의 수위를 갈수록 높여갈 수밖에 없었다. 여기서 그들의 옳고 그름을 판단하지는 않겠다. 아직 밝혀지지 않은 진실이 많이 있기에 함부로 판단하기도 어렵다. 다만 〈나꼼수〉나 〈개그콘서트〉에 열광하는 그런 모습들은 사람들이 정부나 사회 각계에 많은 불만을 가지고 있다는 것을 느낄 수 있다. 단순히 '재미가 있어서' 듣고 보는 사람들도 있겠지만 대다수의 사람이 거기서 느끼는 '재미'도 자기들이 평소 품고 있었던 생각과 같은 것들을 대신 말해주기에 대리만족을 느끼는 것이다.

물론 〈나꼼수〉나 〈개그콘서트〉의 코너들 같은 사회풍자가 이렇게나 가능해졌다는 것은 우리나라에도 민주주의가 어느 정도 자리 잡았고 '표현의 자유' 보장의 영역과 범위가 넓어졌음을 뜻한다고 생각한다. 박정희 시대에 〈나꼼수〉? 절대 있을 수 없는 일이라는 것을 누구나 알고 있지 않은가?

결국 이렇게 제도적 측면이 발전했다면 국민의 성숙도 또한 따라가 주어야 함이 옳다. 어느 것이 먼저 갈 수는 있으나, 그 사이의 간극이 지나치게 크다면 사회적으로 문제가 생기게 마련이다. '표현의 자유'도 개인의 양심에 맡길 수밖에 없는 영역이기에 그 권리의 사용에서 개개인의 성숙과 이성적인 판단을 요구한다. 그럼 단적인 예를 들며 글을 마무리하려 한다. 왜? 우리에겐 대통령을 욕할 권리가 있다.

"대통령의 손녀가 비싼 옷을 입는 것에 대해 비판할 것이 아니라, 대통령의 형이 온갖 비리를 저지른 것에 대해 비판하고 각성을 요구하자."

06

감시와 자유

21세기에 비밀은 없다

백민주

우리는 감시당하고 있다

만약 당신이 24시간 내내 누군가에 의해 감시당하고 있다면? 등골이 서늘한 일이 아닐 수 없다. 대부분의 사람은 "그런 일은 스토커에게 시달리는 사람 혹은 파파라치에게 시달리는 연예인 이지 않고서야 있을 수 없는 일"이라며 스스로 감시로부터 자유 롭다고 생각할 것이다. 그러나 놀랍게도 21세기를 살아가는 현대 인이라면 누구나 철저한 감시 속에서 살아가고 있다. CCTV뿐만 아니라 현대인에게 필수품인 휴대전화를 이용하면 얼마든지 하 루 동안의 이동경로를 알 수 있고, 경찰서나 국정원에 이름과 주 민등록번호 정도만 간단히 기입하면 한 사람의 일거수일투족을 비롯해 사돈의 팔촌에 사촌과의 관계까지 모두 알 수 있다. 거기서 끝이 아니다. 만약 인공위성이 벤치에서 책을 읽고 있는 당신을 초점으로 줌을 당기면 책의 글자까지 볼 수 있다. 게다가 휴대전화 혹은 인터넷을 이용해 나눈 모든 대화 내용은 일정 기간 동안 저장되며, 한번 작성한 문서나 사진은 삭제했다 해도 얼마든지 복구할 수 있다. 자, 이래도 당신은 감시당하지 않는다고 자신할 수 있겠는가?

감시의 역사는 매우 오래되었으며 점점 복잡화·전문화되고 있다. 과거에는 감시당한다는 느낌을 받을 수 있는 범위 내에서 감시가 이루어진 반면, 현대에는 얼마든지 감시당한다는 느낌을 주지 않고도 체계적이고 효과적으로 감시할 수 있게 된 것이다. 사실 잘 생각해보면 권력자가 나의 숨기고 싶은 비밀들을 하나하나 꿰뚫고 있다는 사실 때문에 그에게 순종할 수밖에 없는 경우는 허다하다. 학생들이 담임선생님을 유독 무서워하는 이유는? 나에 대한 모든 것을 알고 있으며, 내가 잘못을 저지를 경우 주변 사람들에게 알릴 수 있는 권력을 지니고 있기 때문이 아니라고 할 수 있는가? 경찰관을 무서워하는 이유는? 나의 모든 신상 정보를 알 수 있으며, 그 신상에 안 좋은 항목을 추가할 수 있기 때문이 아니라고 말할 수 있는가? 나는 상대방에 대해 완전히 무지한데 상대방은 나의 모든 것을 알고 있다면 그 사람에게 복종할 수밖에 없다. 시선의 불균형은 앎의 불균형으로 이어지고, 앎의 불균형은 권력의 불균형으로 이어진다.

감옥과 학교 건물 구조에는 감시의 비밀이 숨어 있다

특히 감시는 건물의 형태에 많은 영향을 주어왔는데, 대표적인 곳으로 감옥과 학교를 들 수 있다. 학교와 감옥은 많은 인원을 소수의 감시자가 통제해야 한다. 따라서 우선 학교의 구조는

긴 일자 형태이고, 양쪽 맨 끝에만 계단이 나 있다. 즉 양쪽 계단만 막는다면 한 층 내의 인원 통제가 가능하며, 한눈에 한 층 전체의 상태를 살필 수 있는 감시 시스템이 구축되는 것이다. 다음으로, 감옥의 구조에는 판옵티콘이 있다. 여기서 판옵티콘 구조란 원형 건물 가운데 탑이 하나 있고, 그 탑을 중심으로 각각의 방이 피자 조각처럼 나뉘어 있기 때문에 작은 탑 안에서 모든 방의 감시가 가능한 형태를 말한다. 팝옵티콘의 어원만 살펴봐도 '모두'를 뜻하는 'pan'과 '보다'라는 뜻의 'opticon'을 합성한 것으로, '모두 보다'라는 뜻을 가지고 있다. 당시에 이러한 감옥 형태는 획기적일 수밖에 없었는데, 특히 감시탑은 안에서는 바깥을 볼 수 있지만 바깥에서는 안을 볼 수 없게 만들어 시선의 불균형을 이용함으로써 감시를 더욱 강화하였다. 한 가지 더욱 놀라운 사실은 계획도시나 신시가지들은 모두 판옵티콘 형태를 가지고 있다는 점이다. 모두 한가운데에 그 지역을 통제하는 공공기관이 있고, 피자 모양으로 구역이 분할되어 있다. 필자가 사는 곳도 신시가지여서 정말인지 확인해보기 위해 부동산에서 지도를 본 적이 있는데 정말 동네 중심에 동그랗게 동사무소, 해운대 문화회관, 우체국 부지가 있었고, 그것을 중심으로 구역이 피자 조각처럼 분할되어 있었다.

감시는 왜 필요한 것일까?

그렇다면 감시는 왜 필요한 것인지 궁금하지 않을 수 없다. 그 해답에 관한 견해는 크게 두 가지로 나뉜다. 우선은 '규율적 권력'을 원하는 지배계층의 심리에 있다는 견해가 있다. 그들은 늘 자신들의 권력이 보다 규율적이기를 원했고, 그러기 위해서는 공간의 배제가 필수적이었다. 따라서 감시는 규율권력이 생기고 난 이후 꾸준히 발전해왔다는 논리다. 두 번째로는 인간의 자유를 구속하는 감시의 필요성을 인간의 본성에서 찾는 견해가 있다. 이는 에리히 프롬이라는 철학자의 견해로, 자유를 갈망하는 인간을 권력자가 감시하고 옥죄는 것이 아니라 인간 스스로 자유로부터 도피하려는 성질이 있기 때문에 오히려 감시를 받음으로써 안정감을 느낀다는 것이다. 이러한 성질은 분리불안에서 시작되는데, 분리불안이란 우리가 태어나서 어머니의 품에서 떨어진 후부터의 불안을 말한다. 1차적인 분리불안은 편안했던 어머니의 자궁에서 나올 때, 2차적인 분리불안은 어머니의 가슴에서 떨어져 더 이상 젖을 먹을 수 없을 때 느낀다. 인간은 누구나 무의식 속에 어릴 적 어머니와 한 몸이었던 때로 돌아가고 싶어 하는 욕구를 간직하는데, 이는 사랑하는 연인끼리의 스킨십을 보면 잘 알 수 있다. 서로 껴안는 것을 좋아하고, 남자들은 여자의 풍만한 가슴에 본능적으로 반응한다. 이는 모두 분리불안으로 인해 발현된 본능이라 할 수 있다. 원초적으로 불안감을 안고 살아가는 이상 인간은 쉽게 무제한적인 자유를 수용하기에 무리가 있고, 오히려 누군가의 지배를 받음으로써 안주하는 삶을 사는 것을 더 행복하게 여긴다는 것이다.

자유의지의 상실은 '자의식'으로 극복할 수 있다

이러한 성질이 있다고 해서 처음부터 감시나 규율화된 권력의 통제가 만연했던 것은 아니다. 본래 인간은 자연 속에서 자유로웠다. 목이 마르면 시냇물을 떠서 마시고, 졸리면 자고, 배가 고프면 사냥을 했다. 환경의 제약을 받았을지는 몰라도 인간이 다른 인간의 지배를 받는 일은 결코 없었다. 그러나 문명이 발달하면서 현대인들은 자의 혹은 타의로 자유의지를 상실하고 말았다. 여기서 자유의지란 삶을 살아가는 데 있어 능동성과 관련된 의지로, 자신이 자유롭게 선택한 것들로 삶을 꾸려나가는 것을 말한다. 자본주의 사회에서 자신의 삶을 '스스로' 살아가고 있다고 자부한다면 그건 섣부른 판단이다. 백화점에 가서 물건을 고를 때를 생각해보자. 당신은 겉 포장지 혹은 상표에 표시되어 있는 성분을 일일이 따져보고 자신에게 맞는 종류의 물건을 고르는가? 아니다. 유명한 배우가 광고한 물건 혹은 잘 알려진 유명 브랜드나 명품의 이름을 보고 고른다. 우리는 물건 하나를 사더라도 비판의식을 상실한 채 보이지 않는 어떤 누군가의 영향 아래

지배를 받는 것이다.

그렇다면 현대인에게 진정한 자유란 있을 수 없다는 말인가 하면 그건 아니다. 인간에게는 동물에게는 없는 '자의식'이라는 개념이 존재한다. 쉽게 이야기하면 '반성' 정도로 표현할 수 있겠다. 우리는 평생 반성하면서 살아간다. 만약 이 기능이 제대로 작동하지 않는다면 정상적인 삶을 살 수 없다. 반성만이 인간을 인간답게 살 수 있게 한다. 혼자만의 여행을 떠나 그 끝에 서 있는 자기 자신을 바라보기도 하고, 일기를 쓰며 하루를 되돌아보기도 하고, 윤동주 시인 같은 사람은 시를 쓰면서 참된 반성을 하기도 했다. 따라서 자유로부터 도피하려는 본성은 반성을 통해 극복해 나갈 수 있다. 그러한 반성의 물결이 퍼지고 퍼져서 서양의 프랑스 혁명, 명예혁명 같은 것이 일어났으니 말이다.

이제 우리 자신을 한번 돌아보자. 누군가에 의해 통제 혹은 감시당하고 있는지도 모른 채 자유의지를 잃고 살지는 않았는지 말이다. 지금이라도 잠깐 책을 놓고 주위를 한번 둘러보아라. 지금 이 순간에도 당신은 철저하게 감시당하고 있으며 그 감시로 인해 수집된 정보는 이미 데이터화되어 누군가에 의해 읽히고 있을지도 모른다.

02

자본주의의
딜레마

휴대폰팔이에게 납치당한 민주

짜인 자본주의의 판에 놀아날 수는 없다

백민주

발단 : 휴대폰팔이에게 납치당하다

일명 '휴대폰팔이'라고 들어본 적이 있는가? 도시의 번화가에 있는 휴대폰 매장 간의 경쟁이 과열되다 보니 급기야 지나가는 사람들을 납치(?)하는 '휴대폰팔이'들이 나타나기에 이르렀다. 납치의 과정은 다음과 같다. 일단 껄렁껄렁한 정장 차림의 젊은 남자들이 힘으로 끌고 가기 쉬워 보이는 여자들을 잡는다. 당연히 붙잡힌 여자는 휴대폰 바꿀 일이 없다며 극구 사양하고 뿌리치려 하지만, 능글맞은 휴대폰팔이들은 힘으로 붙들고서 설문조사 하나만 해달라며 판매장으로 끌고 들어간다. 나 역시 처음 몇 번은 엉겁결에 떠밀려 들어갔지만, 어느 순간부터는 내공이 생겨 곧잘 빠져나오곤 했다.

문제는 고등학교 1학년 때 발생했다. 학교 내신 시험을 치르고 난 뒤, 오랜만에 친구들과 이쁘게 꾸미고 서면(부산의 중심가)에 놀러갔다. 식당으로 향하는데, 멀리서부터 휴대폰팔이가 자꾸만 눈을 마주치더니 나와 친구들을 타깃으로 포위망을 좁혀오는 게 아닌가. 물론 난 미리 마음의 준비를 하고 있다가 단호한 태도로 잘 빠져나왔지만, 상황이 종료되고 보니 친구 하나가 이미 판매장 안으로 끌려들어갔는지 보이지 않았다. 하는 수 없이 내 발로 판매장에 들어섰는데, 판매장 내부는 생각보다 조직적이었다. 정상적인 모습을 갖춘 매장 옆에 있는 작은 방에 들어서니, 양쪽 벽을 따라 2인용 소파와 테이블이 번갈아가며 일렬로 놓여 있었다. 휴대폰팔이는 나를 소파 벽 쪽 자리에 앉히더니 자기는 통로 쪽으로 앉았다. 나로서는 꼼짝없이 갇혀버린 꼴이었다. 왼쪽은 벽으로 막혀 있고, 뒤는 소파의 높은 등받이가 내 앉은키보다 높았으며, 오른쪽에는 휴대폰팔이가 앉아 있고, 앞에는 테이블이 있었으며, 내 시야는 테이블 앞에 놓여 있는 또 다른 소파의 높은 등받이가 가리고 있었다. 대충 상상이 가리라 믿는다.

미성년자라고 거듭 말해도 들은 척도 하지 않고는 능글능글하고도 자연스럽게 내 한쪽 손을 잡더니 나머지 한쪽 손으로 이런저런 제스처를 취하며, 계속해서 핸드폰만 잠시 보여주면 보내주겠노라고 했다. 그것이 전부가 아니었다. 내 손을 잡고 있던 휴대폰팔이의 손이 자연스럽게 내 허벅지 위에 올라왔고 그가 슬쩍 내 눈치를 보는 순간, '아, 이건 아닌데.' 하는 생각이 들었다. 나는 단호하게 짐짓 화난 척하며 말했다.

"저기요, 지금 허벅지에 이렇게 손 올리시는 거, 제가 느끼기에 기분이 나쁘면 성희롱 죄가 성립되는 거 아시죠?"

그는 예상치 못한 반응이었는지 순간 당황하는가 싶더니 다시 능글능글한 웃음을 보이며 '에이~ 왜 이러시나' 하는 식의 멘트를 흘리며 무마했다. 그래도 효과는 있었는지 더 이상의 스킨십은 하지 않았고, 혹시나 내가 기분 나쁠 만하다고 생각되는 제스처를 취할 때는 내 눈치를 보다가 구겨진 내 인상을 확인하고 그만두는 듯했다.

"저 휴대폰 안 바꿔요. 미성년자고요. 친구랑 저랑 어서 보내주세요."

"자, 봐. 지금 네 핸드폰 요금제가 35,000원이란 말이야. 근데 내가 지금 여기 보이는 신형 모델로 기기값 안 받고 바꿔주고, 요금제는 더 싼 걸로 바꿔줄 수 있어. 그럼 네가 지금 핸드폰을 안 바꾸겠다고 고집부릴 이유가 없는 거야. 무슨 말인지 알아? 휴대폰 더 좋은 걸로 바꿔주고 돈은 덜 들게 해준다는데 뭐가 불만인데?"

하지만 당시 내 핸드폰은 전화와 문자라는 본래의 기능에 아무런 문제가 없었으니 굳이 새 걸로 바꿀 필요가 없었고, 그렇기에 그것은 내 입장에서 일종의 '낭비'였다.

"그게 문제가 아니거든요? 다 이유가 있는데 여기서 말하긴 좀 그렇고요. 어쨌든 제가 안 바꾸겠다는데 그쪽이 뭔데 이러시는데요? 이건 강매잖아요. 뭐 하시는 거예요?"

"오~ 이유? 뭔데? 뭔데? 휴대폰 더 좋아지고 돈 덜 든다는데 안 바꾸는 이유가 있다? 뭐 전 남자친구가 사주기라도 한 거야? 괜찮으니까 말해봐. 궁금하다 야~ 만약 내가 들어보고 설득당하면 바로 보내줄게. 약속한다, 내가 진짜."

기왕 이렇게 된 거 능글거리며 딴말 못하게 속칭 '빼도 박도 못하게' 설득할 필요가 있겠다고 생각한 나는 장황한 이야기를 시작했다.

전개 : 자본주의의 판에 대해 설명하다

　"갑자기 일상적인 이야기에서 벗어나 무거운 이야기한다며 웃기다고 생각하실 수도 있는데, 그쪽이 굳이 듣고 싶다니 말씀해 드릴게요. 대신 끝까지 들으시고 진짜 할 말 없으시면 보내주셔야 해요. 사실 제가 책 읽는 걸 좋아해서 여러 분야에 관심이 많은데요. 일단 '사용가치'라는 개념과 '교환가치'라는 개념이 있거든요? 여기 핸드폰을 예로 들면, 이 핸드폰이 전화와 문자 기능을 얼마나 잘해낼 수 있는가 하는 게 사용가치고요. 이 핸드폰이 몇 년도 출시 제품이고 어떤 부차적인 기능이 되는지, 그래서 가격이 얼마인가 하는 게 교환가치예요. 핸드폰을 왜 사는데요? 전화를 휴대함으로써 바깥에서 쉽게 다른 사람이랑 연락하려고 사는 거잖아요. 그럼 전화랑 문자 기능만 잘되면 되지, 몇 년도에 출시된 제품을 쓰는지가 뭐가 중요해요? 자본주의사회에서 자본가들이 물건을 팔려다 보니 사람들에게 교환가치에 집착하도록 조장하는 건데, 거기에 사람들이 놀아나는 거란 말이에요. 마치 이효리가 선전하는 이 핸드폰을 사면 사용자가 이효리와 같은 급이 될 수 있다는 듯, 구형 핸드폰을 쓰면 시대에 뒤떨어진다는 듯, 이 신형 핸드폰이 사용자의 가치를 평가하는 기준이 된다는 듯 광고하죠. 그런데 재미있는 사실은 이미 기업에서는 향후 몇 년 뒤 출시할 제품들과 그 기술들을 이미 보유하고 있다는 거예요. 그러고선 계획적으로 일정 간격에 하나씩 출시

해요. 우린 이미 더 선진화된 기술들이 대기업 금고에서 대기표 받고 기다리고 있는 줄도 모르고 지금 당장 텔레비전에서 떠들어대는 신형 핸드폰을 욕망 하죠. 사봤자 곧 그 뒤를 따라 나오는 신형 모델들로 인해 구형 취급 받을 것이라는 생각은 하지 못한 채 말이에요.

또 있어요. 핸드폰에 들어가는 재료 중에 콜탄이라고 아세요? 그 콜탄 광산을 두고 가난한 나라에서 내전이 끊이질 않아요. 그 나라 국민은 하루하루를 전쟁의 공포 속에서 인간으로서 누려야 할 최소한의 것들도 못 누리다 죽어간다고요. 게다가 광산 주변에 서식하던 고릴라는 멸종 위기에 처해 있어요. 내전을 멈출 방법은 없냐고요? 딱 잘라 말해서 지금 당장은 없어요. '철의 삼각고리'라는 게 있어요. 미국은 세계 무기 수출국 1위예요. 무기를 팔려면 전쟁이 일어나야 하잖아요? 그래서 미국은 내전을 모른 척하고는 뒤에서 몰래 정부군과 반란군에게 번갈아가며 무기를 대줘요. 정부군과 반란군이 한 번씩 번갈아 가면서 이기니까 복수의, 복수의, 복수의, 복수를 하느라 내전이 끊이질 않는 거죠. 이렇게까지 하면서 서로 콜탄 광산을 차지하려는 이유요? 휴대폰 수요가 그만큼 많으니까요. 아무 생각 없이 이런 데 끌려와서 휴대폰 바꾸는 사람들이 있기 때문에 말이죠.

그리고 만약 제가 핸드폰을 바꿔서 원래 쓰던 이 핸드폰을 버린다고 쳐요. 그럼 이 핸드폰이 어디로 가게요? 중국으로 가요.

우리나라의 환경 규정에 맞게 핸드폰 하나를 완전히 폐기하는 비용이 쓰레기를 수출해 다른 나라에 버리는 것보다 돈이 덜 드니까 중국으로 넘겨버려요. 그럼 중국의 못사는 동네에서 저만한 여자아이들이 연탄 불 하나 피워놓고, 하루 종일 휴대폰만 두드리고 앉아 있어요. 얼굴 시커먼 건 말할 것도 없고, 평생 안 좋은 연탄 가루랑 연탄 연기 마셔서 그 동네 사람들 거의 폐병으로 죽어요. 그 사람들 그렇게 목숨 걸고 쓰레기 없애주고 받는 돈? 터무니없이 작아요. 그냥 한마디로 노동력 착취당하는 거예요. 이래도 핸드폰 바꿔요? 제 핸드폰 전화기능 문자기능 멀쩡하게 잘만 돼요."

결말 : 무사히 탈출에 성공하다

그는 그 와중에도 내가 이야기하는 중간중간 끼어들며 "내가 학교 다닐 때 공부 안하고 사고만 치다가 고등학교 졸업하고 바로 이런 일이나 하다 보니 이런 거 아는 여자들 보면 정말 좋더라."하는 식의 멘트를 흘렸다. 다른 휴대폰 판매직원들에게도 들어보라며 불러 모은 탓에 이미 사람들이 많이 몰려 있었고, 모두 뭔가 생각하지도 못한 범위의 이야기들이라 얼떨떨하면서도 신선한 충격이라는 반응이었다.

그때 한 사람이 말했다.

"근데 오늘 네가 핸드폰 하나 안 바꾼다고 뭐가 바뀔까? 우린 그냥 이렇게 살면 되는 거야. 네가 핸드폰을 바꾸든 말든 아무도 신경 안 쓰고, 네가 말한 일들에 대한 책임? 아무도 너한테 안 물어. 그러니까 내 말은 그게 다 결국은 핑계라는 거지."

예상했던 질문이었다. 어른들은 늘 그렇게 말하니까. 어른들이라고 몰라서 그러는 줄 아냐고. 네가 어른이 되어 보라고. 지금이야 학생이니까 부모님 품속에서 보호받으며 이상적인 이야기나 줄줄 읊어대고 있을 수 있는지 몰라도 여러 이해관계에 얽히고설키게 되는 어른이 되면 결국 알면서도 모르는 척해야 하는 많은 것이 생길 것이라고. 그러나 여기에 대한 내 대답은 한 가지다.

"네, 제가 휴대폰 하나 안 바꾼다고 고릴라들이 살아나거나, 내전이 멈추거나, 중국의 어린 소녀들이 죽지 않는 건 아니겠죠. 저도 알아요. 하지만 적어도 제가 이 사실을 알고 있는 이상 휴대폰을 바꾸기가 어렵네요. 적어도 지구에 살고 있는 한 인간으로서 말이에요. 또한 자본의 얕은 꼼수들에 휘둘리지 않겠다는 제 자아정체성의 문제이기도 해요. 작은 저항이지만 저에게는 큰 의미니까요. 제가 좋아하는 신영복 선생님의 《나무야 나무야》라는 책에 이런 구절이 있어요. '이 세상은 어리석은 자들이 조금씩 움직여나간다…….'"

그리고는 나에게 정말 신기하다는 말과 함께 이제 책 좀 읽게 좋은 책 있으면 추천해달라는 휴대폰팔이 오빠에게 이런저런 인

문학 책들을 소개해주었다. 고등학교 다니며 매일 사고만 치다가 비정규직으로 몇 개월짜리 일들만 해왔는데 뭔가 인생에 큰 터닝 포인트를 만들어준 것 같다는 말을 거듭 강조했다. 사실 그 와중에도 이야기를 듣고 나니 내가 너무 마음에 든다며 슬쩍슬쩍 계속 번호를 요구하기도 했지만, 나는 딱 잘라서 "다른 도움이 필요한 거면 연락하시고 이성으로 다가오시려고 그러시는 거면 일찌감치 포기하세요." 하고는 휴대폰 판매점 문을 나섰다. 시계를 보니 거의 30분 정도가 소요되었지만, 그다지 아깝지는 않았다. 그냥 뭔가 느낌이 이상했다. 늘 혼자 생각만 하고, 글로만 끼적이던 내용을 오늘 처음 본 사람에게 말로 표현했고, 그 사람들이 나로 인하여 어떤 생각의 변화가 생겼다는 사실이 내 마음속 깊이 잠들어 있던 무언가를 조금 끄집어낸 것 같다고나 할까.

사라지는 구멍가게

대기업의 골목상권 침범을 고발합니다!

박세훈

골목을 걸어보자. 그 많던 동네슈퍼와 동네빵집은 어디로 갔는가?

요즘 길을 걷다 보면 무엇인가 이상한 것을 발견하지 못했는가? 특히 '골목'길을 걸을 때 말이다. 대기업이 골목상권까지 침투해 영세 상인들이 엄청난 피해를 보고 있다는 사실을 아는가? 그게 내가 이야기하고 싶은 것이다. 최근에는 동네빵집까지 하나둘 사라져가고 있는 게 보이니 정말 피부에 와 닿는 문제일 것이다. 이야기를 듣자 하니 떡볶이 같은 분식업종까지도 침투하려 했다던데, 좀 너무하다는 생각이 들지 않는가? 어떤 이는 이렇게 말할지도 모른다.

"자본주의 사회에서 기업은 이윤창출을 목적으로 있는 것이니 더 많은 이익을 내기 위해 다양한 업종에 진출하는 것이 뭐가 문

제가 되는 거지? 부정을 저지른 것도 아니고, 기업의 목적에 부합하는 일을 하는데 대체 문제가 되는 이유가 뭐지?"

그렇다. 대체 무엇이 문제인 걸까?

먼저, 우리나라에서 본격적인 경제개발이 이뤄진 시점부터 우리나라의 경제는 대기업을 중심으로 발전해왔다. 물론 지금도 마찬가지다. 여기에 대해 누구라도 자신 있게 아니라고 말할 수는 없을 것이다. 또한, 세계가 자본주의 물결로 뒤덮인 후, 대기업의 힘은 더욱더 엄청난 것이 되어버렸다. 이것을 단적으로 느낄 수 있는 대표적인 예가 있다. 어느 날, 내가 혼자서 외국에 배낭여행을 떠났다고 가정해보자. 여행하면서 나는 수많은 외국인과 만나게 될 것이다. 그들 중 누군가는 나에게 이렇게 물을 것이다.

"Where are you from?(당신은 어디서 왔습니까?)"

그럼 나는 당당하게 이렇게 대답할 것이다.

"I'm from KOREA!(한국에서 왔습니다!)"

자, 이 상황에서 외국인들의 반응은 어떨까? 내 경험에 의하면 둘 중 하나다.

"Oh, KOREA! 2002 World Cup? I know!(오, 한국! 2002년 월드컵? 알고 있습니다!)" 아니면 "Umm, Can you say that again?(음, 다시 말씀해주시겠어요?)"

우리나라가 OECD(경제협력개발기구)와 G20에 가입한 선진국이라고들 하지만, 아직은 세계적인 인지도가 그렇게 높지 않다. 그런데 요즘은 농담반 진담반의 말이 들리곤 한다. 외국 사람들이 KOREA(대한민국)는 몰라도 SAMSUNG(삼성)은 안다는 것이다. 정확한 사실은 아닐지라도 자본주의사회에서 대기업의 힘이 얼마나 대단한지 느낄 수 있는 대목이다. 실제로 삼성은 애플과 함께 스마트폰 순위를 겨루는 세계적인 기업이지 않은가?

역사적으로 살펴보면 우리나라에서는 박정희 대통령이 집권하던 시기부터(박정희 대통령의 공적도 있고 치적도 있지만 그때부터 본격적인 경제개발과 경제발전이 이루어진 사실 자체는 부정할 수 없다) 본격적인 경제발전이 이뤄졌다고 볼 수 있다. 물론 대기업 위주, 수출 위주의 공업이 주된 것이었다. 일부 대기업에게는 많은 지원과 혜택을 주면서 대한민국 경제의 규모를 대단히 빠른 속도로 키웠다. 그때부터 우리나라에는 대기업 위주의 경제구조가 자리 잡았고, 지금도 여전하다.

일단 국가적으로 보면 대기업이 잘나가면 외화벌이로 보나 경제규모의 확대로 보나 이득이 되는 것은 맞다. 허나 대기업이 커지면 커질수록 중소기업의 살길이 좁아져 또 다른 국가적 손실을 야기할 수도 있다. 이처럼 대기업 위주의 경제개발방식을 놓고, 좋고 나쁘고의 가치판단을 내리기는 무척이나 어려운 게 사실이다. 그렇지만 최근 우리나라의 모습을 보면 대기업이 비대해지기만 하는 데는 분명히 문제가 있는 듯하다.

'통큰치킨'은 정말 통 크게 판 치킨일까?

일례로, 한때 큰 화제가 되었던 '통큰치킨'을 기억하는가? 통큰치킨은 대형마트에서 동네의 일반 치킨집과 비슷한 양과 품질의 치킨을 '통 크게' 매우 저렴한 가격으로 판매해 화제가 되었던 치킨이다. 통큰치킨은 판매하는 내내 불티나게 팔려서 엄청난 인기를 끌었다. 그렇다면 대형마트에서는 도대체 왜 통큰치킨을 판매한 것일까? 여러 가지 이유가 있겠지만 우선 가정을 해보겠다. 당신의 눈앞에 세 종류의 치킨이 놓여 있다고 치자. 첫 번째 치킨은 '통만큰치킨', 두 번째는 '골목치킨', 마지막으로 세 번째는 'BBK치킨'. 이 세 종류의 치킨은 육안으로는 구분이 가지 않을 정도로 양과 품질이 비슷하다. 게다가 아직 먹어보지는 않았지만 맛도 거의 차이가 없다고 가정하자. 그렇다면 당신은 어떤 것을 선택할 건가? 가격을 각각 5,000원, 10,000원, 15,000원이라고 한다면 당연히 '통만큰치킨'을 사먹을 것이다.

왜냐하면 한정된 시장 안에서 동질 상품이 있을 때 선택에 가장 큰 영향을 주는 것은 가격이기 때문이다. 그것이 합리적 소비자로서 행하는 합리적인 소비이기도 하다. 이렇게 비슷한 품질의 상품을 만들어 가격 경쟁력을 갖춘 채 시장에 내보내면 잘 팔리는 것이 당연하다.

이와 같은 원리로 통큰치킨이 불티나게 팔린 것이다. 그리고 대형마트에서 통큰치킨을 판매한다면 사람들은 싼 가격의 통큰치킨을 사러 대형마트에 갈 것이다. 그럼 대형마트에서 치킨만 사서 집으로 가겠는가? 아니다. 대부분의 사람은 기왕 발걸음을 했으니 장까지 봐서 집으로 돌아갈 것이다. 이렇게 되면 결국 대형마트의 전체적인 매출까지 증가하게 될 것이다.

또한 통큰치킨이 화제가 되면서 자연스럽게 통큰치킨을 판매했던 마트까지 화제가 되었다. 광고 효과까지 톡톡히 본 셈이다.

어떤가? 통큰치킨 하나로 대형마트에서는 꽤 재미를 본 것 같지 않은가?

그럼 동네 치킨집은 어떻게 되었을까? 웬만한 동네치킨집 사장님들은 먹고 살기도 힘들다고 한다. 특히 통큰치킨이 판매되었던 당시 그 지역의 동네치킨집의 매출은 더 떨어졌다고 한다. 그러다가 통큰치킨은 많은 관심과 비판을 동시에 받으면서 사라졌다.

그런데 최근 대기업들의 행보를 보아하니 통큰치킨만의 문제가 아니었다. 통큰치킨은 대기업의 골목상권 침해의 단적인 '하나의 예'에 불과했다.

재벌공화국 대한민국

요즘은 세계적으로 경제위기라고 한다. 하지만 우리나라의 재벌들은? 문제없다(아무 문제야 없겠냐만). 세계적인 경제위기 속에서도 국내 재벌 대기업들은 계열사를 무분별하게 확장하며 골목상권을 구석구석 침해하고 있다. 이러한 확장세는 갈수록 가속화되는 추세이니, 이러다 중소기업이 존재할까 싶다. 2011년 재벌닷컴의 자료에 따르면, 30대 재벌 대기업의 계열사 수는 1,150개로 역대 최고치를 갈아치웠다고 한다. 2006년 731개에서 매년 83.8개씩 증가한 수치다. 게다가 진출 업종도 갈수록 다양해지고 있다. 진출 업종 수는 2006년 13.7개에서 2011년 18.6개로 늘어났다. 특히 서비스업으로의 진출이 두드러졌다고 한다. 이제 중소기업은 무슨 일을 하고 살아야 하는 것일까?

대기업 계열사가 운영하는 빵집, 분식집 등은 물론이고 대형마트뿐만 아니라 일명 SSM(Super SuperMarket)이라 불리는 기업형 슈퍼마켓도 문제가 된다. 이들로 인해 동네 상권이 무너지고 있다. SSM은 일반적인 동네슈퍼와 달리 대형마트의 유통망을 통해 신선한 농축산물을 판매한다. 게다가 의류나 문구류 등도 판매해 동네슈퍼나 시장에 비해 상당한 경쟁력을 갖추고 있다. 영세 상인들은 꼼짝없이 경쟁에서 밀려나 있다.

이러한 대기업의 횡포를 막기 위해서는 어떻게 해야 할까?

우선 SSM이나 대형마트 영업에 대한 규제를 강화하는 것이 한 방법이 될 수 있다. 이미 유럽의 많은 나라에서는 대형마트의 사업 확장 및 진출에 대한 장벽을 많이 세워놓았다고 한다. 대기업 시장과 중소기업 시장을 분리하여 중소상인을 위한 시장영역을 확보하고 보호하는 정책을 시행하고 있다. 그에 따라 자연스럽게 중소상인들의 상권이 지켜지는 것이다.

현재 우리나라에서도 그와 유사한 방법의 하나로 '대형마트 강제휴무제'를 시행하고 있다. 전국의 많은 대형마트들에 대해 주말에 강제휴무일을 지정하는 방안이다. 시행될 초기에는 그 효과에 대해 회의적인 태도를 가진 사람이 대다수였으나, 시행된 지 얼마 지나지 않아 금세 재래시장의 매출이 상승하는 효과가 나타났다고 한다. 물론 이 방안에 대해 회의적인 생각을 품는 사람들의 말도 일리가 있다. 대형마트에 익숙해진 사람들은 대형마트가 휴무를 한다 해도 휴무일 전에 미리 가서 장을 보거나, 하루를 기다린 후 장을 볼 것이라는 주장이다. 우리 집만 해도 재래시장에 가서 장을 본 기억이 나지 않을 정도이고, 대부분의 가정에서는 대형마트에서 장을 보는 현실이니 충분히 말이 되는 이야기다. 그렇기에 재래시장 스스로도 자생력을 갖추어야 할 것이다. 주차공간을 충분히 마련한다든지, 쿠폰 등 판매촉진수단을 사용하는 방법도 개발해야 함이 옳다. 무조건 대기업의 진출이 나쁘다고 욕만 한다면 그건 바람직하지 못하다.

대형마트와 재래시장을 단적인 예로 들어 이야기해보았다. 다른 업종이나 분야도 대형마트와 재래시장과의 관계와 크게 다르지 않을 것이다. 그렇기에 이 시점에서 가장 필요하고 무엇보다 중요한 것은 '상생(相生)'과 '공존(共存)'이라는 키워드다. 바람직하고 상호보완적인 해결책을 통해 대기업과 중소상인들이 함께 성장할 수 있는 환경을 만드는 것이 급선무다. 끝으로 15년째 구멍가게를 운영하고 있는 어느 할아버지의 자작시를 소개한다. '이것도 저것도 안 되는' 영세 상인들의 아픔이 잘 표현되어 있어서 옮겨본다.

수많은 사연에 얼룩져
헤매도는 만신창이
이것도 저것도 안 되는 인생
나갈 구멍 없는 구멍가게 인생

가여운 찰나 못난 인생
어쩌나 기왕에 내친 길
돈에 억눌리지 말고
희망 탑을 세워보세

03

공존 가능한 환경과 개발

개발과 환경이 양자택일적이라는 오해에서 벗어나자

백민주

개발(開發)과 계발(啓發)

누군가 꼬마에게 묻는다.

"너희 집 아래층에는 누가 사니?"

꼬마가 대답한다.

"우리 집 아래층에는 나무 아저씨가 살아!"

오랜 기간 서양의 개발론적인 사고방식에 익숙해진 우리의 입장에서 나무가 콘크리트 건물에 사는 일은 상상하기 어렵다. 그러나 오스트리아의 환경건축가인 훈데르트바서는 나무와 인간이 '함께' 사는 세상을 꿈꾸었고, 그것을 현실로 옮기는 데 일생을 바쳤다. 식물들이 자라야 할 땅을 빼앗아 건물을 지었으니 마땅히 옥상과 건물 안에 나무가 거주할 권리가 있다는 것이다. 나무에게도 정당한 권리를 부여할 줄 아는 이 기막힌 창의성! 지금 우리 시대에 필요한 것은 당장 눈앞에 보이는 '개발(開發)'보다 자연의 깊은 속내를 깨달을 줄 아는 '계발(啓發)'이다. 자연을 마구 파헤친 결과의 참혹함이야 일일이 헤아릴 수도 없다. 이 책을 쓰고 있는 지금만 해도 필자는 지구온난화로 급격히 더워진 날씨로 인한 참혹함을 맛보고 있는 중이다. 어떻게 하면 지구의 상처가 더 이상 곪지 않고 치유될 수 있을까? 그 답은 바로 지구의 상처와 더불어 인간 내부의 삭막함까지 더불어 치료할 수 있는 '계발'에 있다. 당장 눈앞의 이익으로 인한 환경파괴가 불러올 끔찍한 결과를 생각하지 못하는 근시안적 삶의 태도는 우리가 '계발'이 아닌 '개발'에만 눈을 돌렸기 때문이다. 이제는 자연을 '개발'의 대상이 아니라 '계발'의 대상으로 보아야 한다. 대자연의 본성은 '공존'이다. 강한 것과 약한 것이 어우러져 사는 것이 대자연의 본성이건만, 자본주의 경제체제가 도입되면서 약육강식의 개발논리만을 당연한 것으로 받아들이게 되고 말았다.

계발에 필요한 것은 '현실적인 조치'

파올로 루가리라는 건축사가 운하 건설을 위해 콜롬비아 열대 우림지로 파견되었다. 그곳에서 그는 '개발로 인해 정작 행복해지는 사람은 누구일까?' 하는 의문을 품게 되었고, 그로부터 '가비오따스'라는 사막의 기적이 시작되었다. 가비오따스는 루가리가 가진 자들을 위한 개발로 파괴된 환경의 심각성과 그 피해를 고스란히 받고 있는 사회적 약자들을 발견하고 고안해낸 '환경을 살려 인간을 살리는 프로젝트'다. 척박한 사막에 자생력이 강한 소나무를 심고, 수경재배법을 통해 농사를 지을 수 있게 하고, 잡동사니로 풍차를 만들고, 아이들의 시소놀이를 통해 생산된 에너지로 사용할 수 있는 물탱크를 만들고, 석유 없이도 운영

이 가능한 태양열 공공시설들을 지었다. 그 결과는 대성공이었다. '계발'을 통해 가진 자들이 뚫어놓은 환경의 구멍을 생활 속 작은 발상의 전환들로 메워가려는 시도가 인간도 살리고 대자연의 본성도 살려낸 것이다.

이처럼 자연에 대한 '계발'에 필요한 것은 탁상공론이 아니라 작은 것에서 시작되는 '현실적인 조치'다. 그리고 그 현실적인 조치에는 선진국의 각성과 아울러 지구 곳곳의 빈부격차를 줄여주는 것을 가장 시급한 문제로 꼽을 수 있다. 환경파괴의 주범은 일부 강대국인데도 그 피해는 약소국이 입는 경우가 많다. 지구온난화로 높아진 해수면 때문에 섬 전체가 가라앉고 있는 '투발루'뿐만 아니라 이제 막 개발 단계에 들어선 나라들에게 무턱대고 "우리는 환경을 파괴했으나, 너희는 환경을 파괴해서는 안 된다."라고 하는 것은 어불성설이다. 어떤 개발국이 듣겠냐는 말이다. "당장 살아남기 위해 마구잡이식 개발을 할 수밖에 없으므로 환경보호는 먹고살만한 나라의 먹고살만한 사람들이 떠들어대는 배부른 소리야."라는 것이 그들의 입장이다. 따라서 이에 대한 보다 현실적인 조치들이 시급하다. 약소국이 피해를 입지 않도록 선진국에 환경부담금을 물게 하여 최소한의 안전장치를 설치하고, 개발국의 개발이 지속가능한 계발일 수 있도록 선진국이 기술적으로 지원하는 것도 하나의 방법일 수 있다. 그러나 실상은 지국온난화 규제 및 온실가스 감축 목표치를 규정한 '교토

의정서'에 지구 전체 탄소 배출량의 상당 부분을 차지하는 미국이 가입조차 하지 않은 상태다. 온실가스 배출을 규제하면 기업의 활동을 위축시킬 수 있다는 것이 이유란다.

환경은 개발의 적? NO! '창의성'이 필요한 때

미국의 이러한 발상은 환경보존은 개발의 적이라거나, 개발에 따른 약간의 환경파괴는 어쩔 수 없다는 식의 이분법적인 사고방식에서 비롯된 것이다. 그러나 환경과 개발은 공존할 수 있다는 사실을 알아야 한다. 어떻게? 바로 '창의성'이 해결 포인트다. '어떻게 하면 자연을 조금도 해치지 않을 수 있을까?' 하고 창의적인 궁리를 해야 한다. '에너지 전쟁'에 대책을 제시하는 친환경 건물이 그 예다. 이는 특별한 장치 없이 자체적인 냉난방이 가능하도록 설계된 건물인데, 과학에 관심이 많던 한 건축가가 흰개미집이 사막에서도 항상 서늘한 온도를 유지할 수 있게 하는 구조적 특징을 연구해 건물에 적용시켰다. 냉난방에 사용되는 에너지가 많은 열대지역에서는 이보다 더 효과적인 에너지 절감 방법은 없을 것이다. 또한 오존층 파괴의 주범으로 지목되는 프레온가스와 탄소 배출량도 현저하게 줄일 수 있다. 이처럼 조금만 환경에 관심을 가지고 발상을 전환하면 얼마든지 자연과 인간 모두를 위한 개발을 할 수 있다. 그러나 앞의 사례들과 같은 움직임이 일고 있는 외국과는 달리 우리나라는 아직까지 과거의 개발과 환경보호, 둘 중 하나를 택해야 한다는 식의 선입견이 너무 크게 자리하고 있다. 또한 개발과 환경이라는 두 마리 토끼를 잡을 수 있는 방법은 경제성이 없는 경우가 많아 '외부성'과 같은 요소에서 자유롭지 못하지 않느냐고 주장한다. (외부성이란 '대가를 주고받지 않는 시장의 테두리 밖의 일'이라는 의미로, 환경보호가 시장 기구에 의해서 자발적으로 해결되기 어렵게 만드는 요인이다.) 물론 우리나라는 현재 법으로 오염 기준을 명시한 후 단속하는 식의 직접 통제 방식을 사용하고 있기에 '외부성'에 영향을 많이 받는 것이 사실이다. 강압적인 방식은 환경오염주체들에게 반감을 가지게 하고, 눈속임 식의 환경보호를 하게 할 가능성이 크기 때문이다. 그러나 이는 정부가 주축이 되어 시장을 유인하는 방법으로 충분히 극복할 수 있다. 즉, 탄소 배출량에 따라 세제 해택을 부여하는 '탄소 인센티브'나 '공해세 부과제도', '오염 면허제도' 같은 시장 유인방법을 통해 얼마든지 강압적이지 않으면서도 효과적으로 경제성을 확보할 수 있다.

"혼자서 꿈을 꾸면 그것은 한낱 꿈에 불과하지만, 여럿이서 꿈을 꾸면 꿈은 현실이 된다." 훈데르트바서가 자신의 상상들을 현실로 옮기면서 남긴 말이다. '개발'에 눈먼 개발론자들에 맞서 환경을 지킬 수 있는 가장 큰 힘은 자연에 대한 '계발'에서 나온다. 개인, 사회, 국가가 자연에 대한 새롭고 진지한 각성에 눈을 뜨고, 현실적 차원에서 정부 주도 하에 시장 유인을 통해 환경보호의 토대를 단단히 한다면 우리도 훈데르트바서의 꿈을 공유할 수 있을 것이며 그 꿈은 마침내 현실이 되어 우리 옆집에 이사 온 나무에 대해 이야기할 수 있는 날이 올 것이다.

상상하라!
아랫집에 나무가 사는 날을.

04

평범한 사람들의 이야기

용산참사를 기억하시나요?

박세훈

평범한 사람들을 위한 노래

오르고 또 올라가면
모두들 얘기하는 것처럼
정말 행복한 세상이
있을 거라고 생각하진 않았지만

나는 갈 곳이 없었네
그래서 오르고 또 올랐네
어둠을 죽이던 불빛
자꾸만 나를 오르게 했네

알다시피
나는 참 평범한 사람
조금만 더 살고 싶어
올라갔던 길

이제 나의 이름은 사라지지만
난 어차피 너무나
평범한 사람이었으니

울고 있는 내 친구여,
아직까지도 슬퍼하진 말아주게

어차피 우리는 사라진다
나는 너무나 평범한,
평범하게 죽어간 사람
평범한 사람

〈평범한 사람〉 -루시드 폴

그 누구보다도 평범한, 아니 평범했던 사람들의 이야기

이 '평범한 사람'들의 이야기는 누구의 이야기일까?

"여기, 사람이 있다!"

이 외침을 기억하는가. 바로 용산참사의 희생자들의 이야기다, 지극히 '평범한 사람들'이었던.

우선 용산참사가 무슨 일이었는가 하면, 서울특별시 용산구에 위치한 용산 4구역 재개발 보상대책에 반발해서 그 지역의 철거민과 전국철거민연합회 회원 등 30여 명이 적절한 보상을 요구하며 경찰과 대치하다 일어난 일이다. 그 과정에서 철거민들은 2009년 1월 19일 새벽에 용산구 한강로 2가에 위치한 남일당 빌딩을 점거해 경찰과 대치 중이었다. 그런데 그러던 중 화재가 발생하였다. 그래서 6명이 사망하고 24명이 부상당한 대참사가 일어나고 말았다. 검찰이 밝히기를 화재의 원인은 철거민의 화염병 사용이었고, 경찰의 해산작전은 정당한 공무집행에 해당한다는 결론을 내렸다고 한다. 그렇기에 경찰의 과잉진압에 대한 책임은 일절 묻지 않았고, 살아남은 철거민들을 상대로 기소까지 해버렸다. 결국 2009년 10월 28일, 서울중앙지법에서 망루 생존 철거민에게 전원 유죄 판결을 내림으로써 용산참사는 일단락되었다.

아직 끝나지 않았다. 돌아보자. 살펴보자. 곱씹어보자

하지만 아직 끝난 것이 아니다. 꼭 다시 생각해볼 필요가 있는 사건이다. 용산참사는 최근 우리나라의 재개발사업과 그에 따른 철거과정에서의 마찰을 가장 대표적으로 그리고 가장 적나라하게 보여준 사건이기 때문이다.

사실 재개발사업과 철거과정뿐만 아니라 대한민국에서의 사회적 약자들, 법에 명시되어 있는 권리조차 보장받지 못하는 이들의 문제를 압축적으로 보여준 사건이었다. 이 사건은 정말 화염병을 던지면서까지 저항했던 철거민들만의 잘못이었을까?

서울대학교 법학대학원 교수로 계신 조국 교수님께서는 이에 대해서 "전세권자의 재산권과 주거권을 위태롭게 하면서 재개발조합과 건설업체의 이익을 편향되게 보호하는 법률 개선에 대해서는 일언반구도 없이 전세권자들에게만 법을 준수하라고 강요하는 것은 진정한 '법의 지배'가 될 수 없다."고 하셨다.

법이라는 것은 모든 국민에게 공정하게 집행되어야 함이 틀림없는데도 이 용산 재개발 건에서는 편향되게 집행되었다는 것을 지적한 것이다.

물론 다른 한편으로는 국가가 할 일을 했을 뿐이라고 평가하는 사람들도 많다. 철거민들이 사용한 방법은 불특정 다수를 상대로 한 도심 한가운데의 테러행위에 가까웠기에 상당한 피해를 입힐 가능성이 있어 경찰이 이를 미리 진압함으로써 치안과 질서 유지를 포함한 범죄 예방을 했다는 의견이다. 문제는 용산참사와 같은 극단적인 상황이 나타나지는 않았더라도 이와 유사한 일들이 우리나라 곳곳에서 일어났고 지금도 일어나고 있다는 사실이다.

용산참사의 상황을 한 번 살펴보자. 인명 참사로 이어진 용산참사의 직접적인 원인은 철거민과 조합 간 보상비 갈등이었다. 서울시와 용산구에 따르면 재개발조합 측은 세입자에게 법적으

로 규정된 휴업보상비 3개월분과 주거이전비 4개월분을 지급한다는 입장이었다. 그러나 일부 세입자는 조합이 주는 보상비로는 생계와 주거를 이어갈 수 없다는 입장을 밝혔다. 상가 세입자들은 "지금껏 충분하지는 않지만 먹고살만했는데, 조합이 주는 보상비는 턱없이 적다. 철거하면 당장 생계를 이을 수 없으니 대체 상가를 마련하는 등 대책을 세워 달라."고 말했다. 사건 발생 전 세입자 중 85% 가량의 보상은 완료되었으나 일부 상인과 세입자 중 100여 명이 보상비에 반발해 시위해왔다.

한편 세입자들이 보장받는 보상의 규모는 주택 세입자의 경우 철거 시 임대주택 입주권과 함께 주거이전비 4개월분(4인 가족 기준 1,400만 원)을, 상가 세입자의 경우 휴업보상비 3개월분(음식점 132㎡ 기준 1억 원)이었다.

잘 와 닿지 않는다면 고(故) 양회성 씨의 경우를 보면 된다.
"적절한 보상이 될 거라는 기대에 평가단의 조사에 친절하게 응했다. 협조를 잘해줘 고맙다던 평가단은 평가가 잘 나오게 하겠다고 했다."
그리고 5개월 뒤 평가금은 5천만 원으로 판정되었다. 고 양회성 씨는 2억 원이 넘는 융자에 인테리어, 집기, 권리금이 5,000~6,000만 원이나 있었다고 한다. 법에도 명시되어 있는 거

주이전의 자유를 왜 이들은 제대로 누릴 수 없었던 것일까. 그들에게 그 정도의 보상금은 턱없이 부족하다는 것을 모르는 것일까. 설령 그것을 모른다 해도 문제이고, 안다면 더 큰 문제다. 재개발업주들은 정말 개발에 혈안이 된 사람들뿐인 걸까?

재개발업주의 문제라기보다는 국가의 문제가 크다고 생각한다. 국가에서 제대로 된 법이나 합당한 정책을 제시했더라면 이들이 적어도 생계는 유지할 수 있지 않았겠는가. 더군다나 공권력을 지나치게 투입해 인명피해까지 낳은 일은 국가의 역할이 과연 무엇인지 다시 한 번 생각해보게 만든다.

도심 한가운데서 화염병을 던지며 저항한 철거민들의 잘못도 있다. 그러나 그런 잘못을 유발한 건 국가가 아니었던가. 그들은 단지 재개발지역에서 세입자로서의 생활을 하고 있었던 것뿐인데 그게 잘못이라면 잘못은 그게 전부다. 국가는 국민의 동의와 지지가 있어야 한다. 그것은 국가를 운영하는 사람이라면 누구라도 잊지 말아야 할 일이다. 끝으로 유엔 사회권위원회가 우리 정부에 권고한 사항들이다. 우리 정부는 들을 생각이 있는지는 모르겠지만. 용산참사에 대해 집약적이고 완성도 높은 문장으로 요약한 것이라 옮겨본다.

"강제 이주 및 철거 대상자들을 위한 효과적인 협의 및 법적 보상 절차가 부족하고, 충분한 보상 및 이주대책이 빠져 있는 점을 깊이 우려한다."

"강제 철거는 마지막 수단이 되어야 한다."

"용산참사와 같이 폭력에 의존하는 일이 없도록 하기 위해서는 개발계획이나 도심 재개발사업이 사전 통보 없이 이뤄져서는 안 되며, 철거 대상자들을 위한 임시거주 대책이 마련되어야 한다."

자본주의를 폭로한다, 영화 〈인타임〉

영화 〈인 타임〉의 사회 구조가 말해주는 자본주의의 음모

백민주

영화 〈인 타임〉 -자본의 논리 아래 놓인 시간

엄마가 무언가 부탁을 하면 단골로 하는 대답이 있다. "시간 없어." 누군가 영양가 없어 보이는 일을 하고 있다면 이렇게 충고한다. "시간 낭비하지 마." 친구와 약속을 잡고 싶을 때는 이렇게 말한다. "시간 좀 내줘." 목공실 아저씨에게 파손된 기물 수리를 요청할 때 이렇게 이야기한다. "점심시간을 이용해서 고쳐주세요." 자본주의 사회에서 '시간'은 소유의 개념이 되어버린 지 오래다. 있기도 하고, 없기도 하고, 낭비되기도 하고, 낼 수도 있고, 이용할 수도 있다.

최소의 시간을 들여 최대의 효율을 내는 것이 '자본주의의 기본 원리'다. 무한 경쟁 사회에서 그나마 다행인 건 시간이라도 경

제적 빈부격차에 상관없이 누구에게나 공평하게 하루 24시간씩 주어진다는 것이다. 그런데 만약 시간도 차등적으로 주어진다면? 자본의 논리에 따라 시간의 빈부격차가 생긴다면?

앤드류 니콜 감독의 영화 〈인 타임〉은 이러한 상상을 바탕으로 한다. 모든 사람은 25세가 되면 노화를 멈추고, 팔목에 새겨진 '카운트 보디 시계'에 1년이라는 시간이 주어진다. 이 시간으로 생활에 필요한 모든 재화를 사고팔게 되는데, 시계가 0이 되면 심장마비로 사망하게 된다. 따라서 시간이 많은 부자는 호화스러운 영생을 누리는 반면, 시간이 없는 빈민은 막노동으로 하루 버틸 시간을 하루 벌어 쓰기도 하고, 훔치기도 하고 빌리기도 한다. 그래서 빈민들은 늘 뛰어다니고, 부자들은 절대 뛰는 법이 없다. 또, 도시는 사람들의 시간 소유 수준에 따라 나뉘어 있고 한 단계 위의 도시로 가기 위해서는 톨게이트에서 엄청난 양의 시간을 지불하도록 되어 있다. 계층 간의 이동이 아예 불가능하도록 만들어놓은 시스템인 것이다.

영화 속 주인공 윌 살라스는 우연히 부자를 살려주고 받은 100년의 시간으로 최고 부자들의 도시인 '뉴 그리니치'로 가게 된다. 버스요금을 지불할 시간이 없어 미친 듯이 집으로 뛰어오다 몇 초가 모자라 돌아가신 살라스의 어머니를 생각하면 그곳 사람들은 지나치게 여유롭다. 그곳에서 주인공은 그런 사회의 존속을 가능케 하는 '구조의 비밀'을 알게 된다. 바로 99% 빈민들

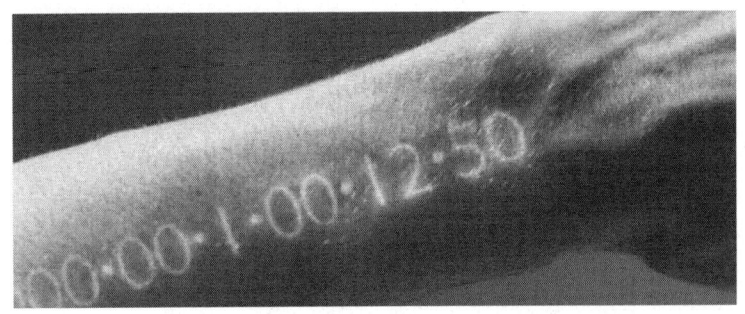

몫의 시간이 상위 1% 부자들의 금고에 끝없이 쌓여 있었던 것이다. 몇 초가 모자라서 죽어가는 사람들은 그들의 몫이 없어서가 아니라, 그들의 몫을 빼앗겼기 때문에 죽어가는 것이었다. 그럼에도 사회는 사람들이 자신의 몫을 '빼앗겼다'는 인식을 가지지 못하도록 교묘하게 짜여 있다. 게다가 모든 시간의 유통 구조는 1%의 부자들이 입맛대로 쥐락펴락 하고 있으니, 한마디로 사람들은 부자들이 '그들만의 리그'에서 벌이는 '그들만의 놀이'를 위해 이용당하고 있었던 것이다. 99%의 희생을 좀먹으며 1%의 부자들이 호화스러운 영생을 누리는 '그들만을 위한 사회', '그들만을 위한 천국'이다.

사실 시간이라는 개념이 들어가 SF영화가 되었을 뿐 현실의 자본주의도 이와 크게 다르지 않다. 영화 속 사회 구조는 지금 현재 기득권층이 원하는 자본주의의 모습과 거의 일치한다. 또한 믿기 어렵겠지만 지금도 수면 아래서는 비밀스럽게 〈인 타임〉 같은 사회 모습을 갖추기 위한 여러 가지 음모가 진행되고 있다. 다만 은밀하고 교묘해서 의식적으로 관심을 가지려 노력하지 않는 한 인식하기 어려울 뿐이다. 따라서 이 영화에서 제시하는 문제점은 다음 두 가지로 축약할 수 있다.

첫째, 자본주의가 왜곡시킨 '시간'이라는 개념

첫째는 자본주의가 왜곡시킨 '시간'의 개념이다. 현대인들은 영화 속 빈민들 못지않게 이리 뛰고 저리 뛰기 바쁘다. 시간활용을 잘하는 사람만이 성공할 수 있다는 믿음은 속도를 경쟁하도록 만들었다. "더 빨리, 더 빨리!"를 외치는 사회의 요구에 부응하여 KTX가 등장했고, 4G 스마트폰이 등장했으며, 패스트푸드 가게는 점심시간마다 불이 나고, 피자집 배달 알바생들은 30분 배달제를 지키기 위해 목숨을 건 레이싱을 해야 했다. 아마 무한 질주 중인 이 '빨리빨리 사회'는 점점 가속되다가 마침내 어딘가에 '쾅' 하고 부딪혀 크게 사고가 나고서야 비로소 멈출 수 있을 것이다. 그렇지 않고서는 이미 브레이크가 고장나버린 이 사회를 통제할 수 있는 방법은 없어 보인다.

우리가 절대 선으로 여기는 '빨리 빨리'는 과연 불변의 미덕일까? 버트란트 러셀 작가는 그의 저서 《게으름에 대한 찬양》에서 '빠름'이 가지는 사회적 상징이 과연 옳은 것인지 생각해보게 한다. 게으름이라 하면 연상되는 단어는 낙오자, 가난, 도태, 무능

력함 등등 하나같이 부정적인 것들뿐이다. 하지만 작가는 그것들이 자본주의 사회를 유지하기 위한 수단 중 하나로 만들어진 '상징'일 뿐이라고 말한다. 마치 게으름을 사회 저 밑바닥의 어둡고 고립된 곳으로 추락하게 만드는 악마의 속삭임인양 인식시키고, 대신 '무한한 빨리빨리 의식'을 '부지런함'이라는 순한 양의 탈을 씌워 그것이 마치 최선의 미덕인양 치부하고 있는 것이다. 그러나 현대 사회의 요구와는 역설적이게도 게으름은 인간의 삶에서 꼭 필요한 요소다. 적당한 게으름은 '여유'라는 표현으로 대체될 수 있고, 그 여유는 인간적인 삶을 영위하게 해주는 원동력이 된다. 여유 속에서 인간은 '놀이'를 하였고, 놀이를 하다 보니 '창작'을 하게 되고, 창작을 하다 보니 '문화'가 생겨나고, 문화를 꽃피워내다 보니 '문명'을 이룩하게 되었고, 현재 우리는 그 문명 위에서 살고 있다. 결국 게으름 없이는 지금의 문명이 있을 수 없었다는 논리에 도달할 수 있다. 그럼에도 인간은 이러한 사실을 망각한 채 '빠름'만을 좇으며 '게으름'은 절대 악으로 치부해 버린다. 우리는 스스로 우리의 무덤을 파는 중이다. 이제는 영화 〈모던 타임스〉의 찰리 채플린이 점점 빨라지는 컨베이어벨트에 빨려 들어가 죽음을 맞이하는 결말이 우리에게 시사하는 바가 무엇인지 곰곰이 생각해보아야 할 때다. 그리고 '게으름'은 질주하는 속도 사회의 과속 방지턱이 될 수도, 컨베이어벨트의 안전 장치가 될 수도 있다는 사실을 명심해야 할 것이다.

둘째, 사회를 조작하는 자본주의의 음모

둘째는, 사회를 조작하는 자본주의의 음모다. 사회행동의 과학적 연구로 얻어진 기초적인 식견이나 법칙을 응용하여 사회생활에서 당면하는 여러 가지 실천상의 특수문제를 해결하기 위한 학문을 '사회공학(social engineering)'이라고 한다. 문제는 이 사회공학이 본래의 목적 이외에 지배층의 이익을 위한 사회 조작 수단으로 사용된다는 데 있다. 세계적으로 가볼까? 에티오피아 같은 제3세계에서 식량부족으로 수많은 사람이 죽어간다는 사실은 이미 알고 있을 것이다. 식량부족을 해결하기 위해 유전자 조작 식품을 만들었고, 식량전쟁이라는 단어까지 등장한 상태다. 과연 정말 우리 지구에는 식량이 '부족'한 것일까? 눈부신 과학의 발전을 이룩한 21세기에 정말 전 세계 인구가 먹을 수 있는 식량을 확보하지 못하는 것일까? 숨겨진 진실은 이렇다. 세계 연간 곡물 생산량은 전 세계인구가 4년을 먹고도 남을 만큼 충분하다. 그러나 곡물 유통의 중심지인 '시카고 곡물 창고'에서는 매년 적정 수준의 곡물 가격 유지를 위해 일정량 이상의 곡물은 유통시키지 않고 태평양 한가운데 쏟아버린다. 지구 한쪽에선 막대한 양의 곡물이 바다 속으로 가라앉고 그 반대편 아프리카에서는 곡물이 모자라서 사람들이 죽어간다. 곡물의 생산량은 '조작'되고 있는 것이다. 흡사 뉴 그리니치 사람들이 시간이 넘쳐나 금고에 쌓아놓고, 일정량만 유통시켜놓은 채 시간 때

우기 놀이를 하고 있을 때 주인공의 엄마는 몇 초가 없어서 죽어간 것과 같은 이치다. 너무 멀리 있는 이야기 같은가? 우리나라의 예를 들어볼까? 과거 전두환 대통령의 3S정책이 대표적이다. screen, sport, sex 정책을 뜻하는 3S 정책은 국민을 본능적 유희에 빠지게 만듦으로써 독재정권의 만행들에 대해 관심을 가질 수 없도록 조작하기 위한 장치였다. 이러한 방법은 가장 흔한 사회공학으로 '상징권력'이라고도 일컫는데, 현재도 예외는 아니다. 현 정권 초기, 가장 먼저 신속하게 해나간 일 중 하나가 바로 '정부의 언론 장악'이었다. MBC 〈PD수첩〉이 광우병에 대한 내용을 방영해 관련 PD들이 잡혀가 재판을 받았는데, 이로써 함부로 정부에 반기를 드는 방송을 할 경우 어떻게 되는지 '본보기'가 된 셈이다. 그리고 방송 3사가 모두 현 정부의 영향권 아래로 들어갔다. 원래 사장들이 해임되고 대통령 측근들이 낙하산으로 사장자리에 앉게 된 것이다. 언론을 장악, 통제하려는 의도는 단 하나밖에 생각할 수 없다. '국민은 정부가 보여주는 것만 봐야' 하는 것이다. 그리고 좌익계열 유명인사들이 모두 방송에서 내쳐졌다. 물론 대놓고 "좌익이니까 너 방송 하지 마!"는 아니었지만, 공공연하게 모두 아는 사실이었고 최근에 김제동, 윤도현 등이 포함된 제거 리스트의 존재가 세상에 드러났다. 그뿐만이 아니다. 뭔가 정치권에서 사고가 나면 그와 동시에 연예계 스캔들, 여배우 동영상 사건들이 이슈화되었다. 이지아, 서태지가 과거에 부부였다는 사실이 온 나라를 뒤흔들 때, 소리 없이 묻혀간 정치권 이슈들이 있다. BBK에 관한 김경준의 재판 결과(이명박 대통령의 후보시절, 이명박 후보가 김경준이 BBK회사를 통해 주가 조작으로 수백억 원의 부당 이익을 취한 사건에 연루되어 있다는 의혹이 제기 되었다), 4대강 사업으로 죽은 인부들에 대한 국토부 장관의 발언, 성희롱 발언 파문으로 논란이 되었던 강용석 의원의 제명의결 무산, 금산분리법(일반 지주회사의 금융자회사 보유 허용) 완화 방안의 국회 통과. 물론 정부가 정치적 이슈들을 막기 위해 연예인들의 X파일을 터뜨렸다고 확언할 수 있는 확실한 근거는 세상에 드러난 바 없다. 다만, 연예인의 사생활보다 정치적 이슈를 비중 있게 다루어야 할 언론이 정치적 사건들보다 연예인 X파일에 지나치게 반응하며 이슈화시키는 것에 대한 의문과 우연이라기에는 매번 거의 일치하는 정치적 사건과 연예인 X파일 공개 날짜, 그리고 민간인 사찰 문제 같은 정황을 살펴봤을 때 '그럴 것이다'라는 추측의 형태로 존재할 뿐이다. 문제는 우리가 혹시 조작당하고 있는 것은 아닌지 늘 의심해보고 주체적으로 실존적인 삶을 살아가야 함에도 그렇지 못하고, 늘 남들만 좇으며 '있어도 그만 없어도 그만인 여분의 존재'로 살아가고 있는 사람들이 대다수라는 것이다. 이렇게 조작하기 쉬운 구성원들로 구성된 사회일수록 〈인 타임〉 같은 사회로 향하는 길이 한층 평탄해진다는 것은 두말할 나위도 없다. 우리가 사회공학의 희생자로 살아가지 않기 위해서는 실존적인 삶을 살아야 한다. 즉, 삶을 계획함에 있어 '능동성, 비판성, 창의성' 이렇게 세 가지 능력을 고루 갖추어야만 하는 것이다.

이제 우리 앞에는 두 가지 길이 놓여 있다.

실존적인 삶을 살면서 '진정한 나'로 거듭날 것인가?
여분의 존재로 살면서 '조작된 사회'라는 기계의 부품에 불과한 존재로 거듭날 것인가?

사회심리학으로 본 우리

01

이기성과 이타성

리처드 도킨스의 《이기적 유전자》에 입각하여

백민주

리처드 도킨스의 〈이기적 유전자〉

우리는 누구나 살기 위해서 태어났고, '살아가려 함'은 인간의 가장 원초적인 본능이다. 그렇기 때문에 추락한 비행기에서 살아 남은 사람들은 구조를 기다리는 동안 죽은 사람들의 인육을 먹을 수 있었고, 그렇기 때문에 갓 태어난 아기는 그 누구로부터도 배우지 않았지만 엄마의 젖을 빠는 방법을 알고 있다. 우리는 이를 '생존본능'이라 부르는데, 《이기적 유전자》의 저자 리처드 도킨스는 그의 저서에서 "생존본능의 바탕에는 이기성이 자리하고 있으며, 이기성의 기본단위는 유전자"임을 주장한다.

인류는 끊임없이 진화해왔다. 리처드 도킨스는 진화를 "육체의 이기심을 바탕으로 불필요한 것을 제거해 하나의 안정된 상태로 나아가는 과정"이라 정의한다. 그러나 이 역시 이기성의 기본단위가 유전자임을 감안하면 '종'의 이익이 아닌 '유전자'의 이익을 위해 행동하는 방향으로 진화해왔다는 사실을 알 수 있다. 다시 말하면, '유전자의 유지'야말로 우리가 존재하는 궁극적인 이론적 근거이며, 우리는 유전자라는 이기적 분자를 보존하기 위해 맹목적으로 프로그래밍 되어 있는 움직이는 로봇에 불과하다는 것이다. 그리고 로봇과 같은 우리는 '생존기계'라 불린다.

유전자가 이기적이라면 자살은 어떻게 설명할 수 있을까?

그렇다면 '자살'은 어떻게 생각할 수 있을까? 오로지 맹목적으로 생존을 위해 질주하는 유전자들로만 구성된 생존기계가 인간이라면 우리 사회에 '자살'이라는 용어는 존재할 수 없을 것이다. 그러나 이는 '자살 유전자'라는 유전자가 따로 존재한다면 설명이 가능해진다. 즉, 자살하는 사람들은 태어날 때부터 자살 유전자를 가지고 태어났기 때문이라는 것이다. '죽어야겠다.'고 결심하여 난간 위에 올라섰다고 가정하자. 한 발만 앞으로 내밀면 죽음이, 한 발만 뒤로 내밀면 살 수 있는 그 순간에 발을 앞으로 내밀지 뒤로 내밀지를 결정하는 것은 자살 유전자의 유무에 달려 있다. 따라서 이 이론에 근거하면 자살할 사람은 결혼하여 아이를 낳기 전에 빨리 자살해야 보다 건강한 유전자들로 구성된 사회를 만들 수 있다는 이야기가 된다. 실제로 자살한 사람은 윗대 친족들 가운데 자살 한 사람이 있을 가능성이 높다고 한다. 사실 필자도 질풍노도의 시기였던 중학생 때, 자살에 대해 진지하게 생각하며 꾸준히 실천 계획을 세우기도 했다. 그러나 당장 죽을 수 있을 것 같다가도 막상 죽음과 삶의 경계에 서게 되는 그 순간엔 번번이 죽어야겠다는 의지보다는 두려움이 앞섰다. 필자에게는 자살 유전자가 없나 보다. (물론 자살 유전자는 하나의 이론에 불과하다. 이 세상의 모든 자살을 하나의 이론으로 설명할 수는 없다.)

세상의 모든 것에는 이타성과 이기성이 공존한다

자살 유전자는 이기적이기도, 이타적이기도 한 이중적 특성을 가지고 있다. 자살 유전자의 존재 자체는 이기적이지만, 자살을 유도함으로써 자살 유전자와 건강한 유전자가 결합하여 번식하는 것을 막아 다른 유전자를 보호한다는 측면에서는 이타적일 수 있는 것이다. 조금 이상하게 들릴 수도 있겠지만, 이렇게 '이기성'과 '이타성'을 동시에 갖고 있는 것은 자살 유전자만이 아니다. 주변의 현상들을 찬찬히 살펴보면, '이기성'과 '이타성'은 언제나 동시에 공존한다는 사실을 알 수 있다. 예를 들어, 텔레비전을 시청하다 보면 간혹 모퉁이에 ARS기부금을 모집한다는 문구를 볼 수 있다. 여기에 기부하는 사람들의 대부분은 부자가 아닌 서민이다. 왜 그럴까. 서민들이 순수하게 어려운 사람들을 위하는 마음에서 기부하지 않기 때문은 아닐까. 의식적으로든 무의식적으로든 '나도 힘을 때 도움 받을 수 있다는 기대'가 깔려 있을 가능성이 크다.

이기성은 절대 악인가?

그렇다고 해서 '이기성'을 덮어놓고 부정적으로 볼 것은 아니다. '이기심'은 언제나 '갈등'을 불러일으키고, '갈등'은 '발전'을 가지고 오기 때문이다. 중학교 3학년 때 필자는 그 예가 될만한 경험을 했다. 같은 반이 된 친구 중에 특히 다른 사람보다 이기적인 면모를 많이 보이는 친구가 있었는데, 필자는 한동안 그 친구 때문에 너무 스트레스를 많이 받았다. 그 친구는 늘 자기가 중심이어야 했고, 필자가 그 친구에게 다 맞춰주어야 했다. 물론 그 친구는 필자의 기분은 전혀 상관하지 않았다. 그 친구의 성장배경으로 미루어 짐작해보건대, 아마 자신의 그런 행동들이 단체생활에서 타인을 기분 나쁘게 한다는 사실 자체를 염두에 두지 못했을 것이다. 그 친구랑 놀지 않으면 그만이 아니었냐고 할 수도 있지만, 여중학생들은 새로 반에 배정되면 무언의 갈등들을 겪으며 삼삼오오 무리를 형성하게 되어 있다. 이미 그렇게 무리 지어진 상태에서 필자가 다른 친구랑 논다는 것은 무리 사이에 생길 엄청난 분열을 감수해야 하는 모험이었다. 그때만 하더라도 필자는 타인에게 싫은 소리를 하면 나를 싫어하지 않을까 걱정하는 소심한 여학생이었기 때문에 집에 와서 혼자 울기 일쑤였다. 그렇게 일 년을 생활하고 나니 성격을 바꿔야겠다는 결심을 하게 되었다. 내게 하기 싫은 일을 강요하면 재치 있게 웃으며 둥글둥글하게 싫다는 의사를 밝힐 수 있는 능력이 생겼고, 나아가 그런 유형의 친구는 미리 알아보고 친하게 지내지 않을 수 있는 안목이 생겼다. 내 인생에 비춰봤을 때는 분명히 큰 발전이었다. 사회로 내던져져 단체생활을 하다보면 언젠가 한번은 그런 유형의 사람을 만날 터인데, 그런 경험을 일찍 했으니 오히려 인생 전체를 놓고 보면 득이 되었다고 해야겠다. (이 자리를 빌려서 그 친구에게 감사한다.) 이처럼 이 세상에는 순선한 것도 없고, 순악한 것도 없다. 모든 존재는 양면성을 가진다. 그러나 사람들은 너무나도 쉽게 흑백논리에 빠진다. 어떤 일이든 양면의 존재를 인정하고 똑바로도 보고, 뒤집어도 보며 살아가는 것이 세상을 살아나가는 하나의 지혜라 하겠다.

02

〈블랙 스완〉, 무의식의 발현

프로이트의 정신분석학을 바탕으로

백민주

드라마 속 두 가지 얼굴의 악녀

흔히 드라마의 악녀들은 두 가지 얼굴을 가지고 있다. 남자주인공 앞에서는 순백의 천사로, 여자주인공 앞에서는 뿔 달린 악마로, 상황에 따라 필요에 따라 자유자재로 변신이 가능하다. 흔히 우리는 이런 유형을 가리켜 '이중인격'이라고 부른다. 그리고 이중인격을 언급할 때, 앞에 붙는 수식어가 있다. '무서운'이다. 의도적으로 여러 개의 가면을 썼다 벗었다 할 수 있다면 언제든지 필요에 따라 악마의 가면을 쓸 수도 있는 '잠재적 위험인물'이니 무서울 수밖에. 그러나 따지고 보면 이중인격이 아닌 사람이 있을까 하는 의문을 품어볼 필요가 있다. 이 세상에 단 하나의 자아만을 가진 사람이 존재할까? 예수는 순선하기만 했을까? 히

틀러는 순악하기만 했을까? 당신은 지금 책장을 넘기고 있는 당신 외에 또 다른 당신이 존재하지 않는다고 자신할 수 있나?

내 대답은 '아니다'이다. 나만 해도 이중인격, 아니 다중인격이다. 집에서는 무뚝뚝하고 책임감 강한 장녀, 선생님들 앞에선 고분고분한 반장, 부모님 앞에선 말 안 듣는 딸. 친구들과 있을 때는 둥글둥글 백치기 있는 왈가닥 여고생, 토론대회에서는 날카롭게 상대방의 주장에 일침을 가하는 스나이퍼. 남자친구 앞에서는 한없이 부끄럽고 애교 많은 소녀, 댄스 공연을 할 때는 관능미를 풍기는 노련한 댄서. 이만해도 벌써 난 몇 개의 '나'를 가지고 있는지 모르겠다. 내 안에 잠자고 있는 여러 '끼'들이 상황에 따라 선택적으로 우세를 띤다. 사실 한 가지 인격만 가지고 있는 사람이란 있을 수 없다. 서로 다른 인격들이 각각 얼마나 타인 앞에 드러났느냐의 문제일 뿐. 그래서 간혹 "평소에 내성적이고 조용하던 모범생, 왕따에 못 이겨 동급생 칼로 찌르다" 같은 기사가 나기도 한다.

오히려 따지고 보면 이중인격이라고 손가락질하는 것보다 "저 사람은 어떤 사람이다."하고 한 사람의 인격을 한 가지로 단정지어버리는 것이 더 위험하다. 인간의 무의식에는 선과 악이 혼재되어 있게 마련이며, 이 선과 악을 이성으로 얼마나 표출하고 통제하느냐에 따라 그 사람의 '성향'이 드러나게 된다. 그러나 안타깝게도 우리는 그것이 그 사람의 '주된 성향'일 뿐이라는 사실을

망각한 채 그 성향이 그 사람의 전부일 것이라 착각하는 오류를
범하며 산다.

강박증의 〈올가미〉와 어둠의 본능 발현인 〈블랙 스완〉

영화 〈블랙 스완〉의 여주인공 니나는 그런 착각의 단적인 피
해자다. 그녀는 화가인 홀어머니와 둘이 산다. 어머니가 쳐놓은
울타리 속에서 완벽하게 '엄마 말 잘 듣는 착하고 때 묻지 않은
딸'로 자란 니나는 발레리나로서도 가르침 받은 대로 완벽하게
춤을 추기 위해 노력해왔다. 그녀의 발레단에서는 새로운 시즌
을 맞이하여 〈백조의 호수〉를 각색하여 선보이는데, 작품의 주
인공으로 니나가 뽑히게 된다. 새로운 버전의 〈백조의 호수〉는
백조의 몸에 갇힌 착한 소녀가 왕자와의 사랑을 이룰 뻔하지만,
왕자가 자신의 사악한 쌍둥이 흑조의 꾐에 넘어는 바람에 사랑
을 이루지 못하고 자살한다는 내용이다. 문제는 주인공 역을 맡
은 발레리나는 백조와 흑조를 동시에 연기해야 하는데, 니나는
흑조에 영 소질이 없어 보인다는 것이었다. 분명히 몸을 완벽히
통제하여 절제된 아름다움을 표현하는 데는 그녀를 따라올 자
가 없었지만, 내면에서 꿈틀대며 우러나오는 악의 본능을 연기하
는 데 필요한 '느슨함'은 전혀 없었다. 그럼에도 니나가 주인공으
로 뽑혔다. 왜일까? 그것은 바로 단장이 그녀 내면의 '어둠'의 존

재를 확인했기 때문이다. 역할을 다시 고려해봐 달라고 찾아온 니나에게 단장은 갑자기 키스를 한다. 반항심이라고는 눈곱만큼도 보이지 않던 니나는 단장의 혀를 깨물고 방을 뛰쳐나온다. 어쩔 줄 몰라 하며 눈물이나 흘려야 할 캐릭터가 혀를 깨무는 발칙한 행동을 한 것이다. 단장은 그녀 안의 본능을 끄집어내기 위해 그녀에게 자신을 스스로 만지고 느껴볼 것을 요구한다. 그렇게 그녀의 잠자던 본능은 서서히 일어나고, '날라리과'에 속하는 친구 릴리의 손에 이끌려 술집에서 남자들과 어울리며 마약을 하고 클럽에도 다녀온다. 쾌락을 맛본 것이다. 여기서 이미 게임은 끝났다. 쾌락은 증가의 법칙만이 적용된다. 일단 한번 쾌락을 맛보면 그 강도는 점점 강해져야만 비슷한 쾌락의 정도를 유지할 수 있게 된다. 이렇게 일깨워진 그녀의 본능은 그녀가 원래 가지고 있던 '완벽에 대한 강박증' 그리고 '자신의 역할을 뺏길지도 모른다는 불안감'과 만나 비정상적인 형태로 무의식이 표출된다.

더 이상 니나는 엄마가 원하는 니나가 되기 위해 절제하지 않는다. 밤늦게 나가 놀다 들어온 그녀를 다그치는 엄마에게 "나도 프라이버시가 있어요. 더 이상 열두 살짜리 어린애가 아니에요. 나 좀 내버려둬요!" 하고 대든다. 그리고 릴리와 방에 들어가 은밀한 성적 행위를 하는데, 놀랍게도 다음 화면에서 릴리는 지난밤 니나의 집에 가지 않았다고 말한다. 즉, 환각상태에서(마약을 했으니) 니나의 욕구 분출이 만들어낸 환상이었던 것이다. 그녀는 영화 전반부부터 자신의 몸에 알 수 없는 상처가 나 있는 것을 발견한다. 강박증이 심해질수록 상처 또한 심해지는데, 자신도 모르는 사이에 또 다른 내면의 니나가 자신의 몸을 긁어대는 것이 원인이었다. 니나의 정신이 강박증과 불안함으로 인한 스트레스를 이겨내지 못하고, 이상행동으로 표출된 것이다. 결국 공연 하루 전날 그녀의 강박증은 최고조에 달하고, 이상한 환영들에 시달린다. 엄마가 그린 그림 속 사람들이 자기를 불러대고, 니나는 그림들을 미친 듯이 떼어내고 표호하다가 방으로 들어가 버린다. 따라 들어오는 엄마를 쫓아내고는 방문 사이로 보이는 엄마의 손을 몇 번이나 찍어 내린다. 거울에 비치는 자신의 모습은 악마가 되어가고 있었다. 공연 당일, 아침에 일어나자 엄마가 니나의 손을 양말로 꽁꽁 싸매놓고 방문을 잠가버린 채 니나 옆을 지키고 있었다. 니나는 밤새 온몸에 상처를 냈다며 하루만이라도 쉬라고 하는 엄마를 밀쳐내고 공연하러 가야 한다고 말한다. 그리고 엄마의 다친 손을 다시 한 번 있는 힘껏 뒤로 꺾어버리고는 열쇠를 찾아내 발레단으로 향한다. 아니나 다를까. 백조 연기를 하던 니나는 잘해야 한다는 강박증을 이기지 못하고 실수를 하고 만다. 울면서 니나가 자신의 대기실로 들어서자, 평소 자신의 역할을 탐낸다고 생각했던 릴리가 그녀 대신 흑조 연기를 하겠다며 분장을 하고 있었다. 둘은 몸싸움을 벌이다가 니나가 릴리의 배를 깨진 유리조각으로 찌르고는 릴리의 시체를 화장실에 급히 숨긴다. 그런데 놀랍게도 몸싸움을 벌이는 중간중간 보이는 릴리의 얼굴은 니나 자신의 얼굴이었다. 그리고 시작된 두 번째 무대. 시체를 숨기고 무대에 오른 흑조 니나는 유감없이 끓어오르는 악의 본능들을 마구 표출해보이며 성공적으로 무대를 마쳤고, 아낌없는 찬사를 듣는다. 흑조 공연을 마치고 다시 돌아온 분장실. 화장실에서 새어나온 피를 보고 급히 수건으로 닦는데, 분장실로 릴리가 찾아온다. 분명히 화장실에 있어야 할 릴리가 바깥에 있다? 그러고 나서 다시 보니 피도 없고, 시체도 없다. 그럼 니나가 찌른 건 누구일까? 니나는 자신의 배를 본다. 유리조각이 박혀 있다. 단장이 늘 말해왔듯 니나의 진짜 적은 무의식 속의 '두려워하는 니나', 그녀를 옭아매던 '내면의 그녀'였던 것이다. 니나는 상처 난 배를 감싸쥐고 마지막 무대에 오르고, 여왕백조가 자살하는 장면을 마지막으로 막이 내린다. 그녀의 훌륭한 흑조 연기에 흡족해하며 달려온 단장은 말한다.

"오! 니나, 사람들은 모두 너를 사랑해. 나의 작은 공주님, 난 언제나 네 안에 그게 있다는 걸 알았어. 자 이제 가자."

그 순간, 친구들은 그녀의 배에서 샘솟는 피를 보고 놀라움을 감추지 못한다. 단장은 급히 앰뷸런스를 부르는데, 니나가 말한다.

"난 느꼈어요."

"뭐라고?"

"완벽함을 느꼈어요. 난 완벽했어요."

니나의 비극은 두 가지 요인에 기인한다

니나의 비극은 두가지 요인에 기인하다.

첫째는 니나 엄마의 '의도적인 착각'이고, 둘째는 그로 인한 니나의 '주입된 착각'이다. (여기서 착각이란 서두에서 말한 것처럼 한 사람을 한 가지 성향으로 단정지어버리는 데서 오는 착각이다.) 니나의 엄마는 니나가 늦은 밤 술에 취한 채 귀가해 반항적으로 악을 쓰자, 이렇게 소리친다.

"오, 지금 넌 내 딸이 아니야."

딸의 순종적이고 고분고분한 면만 딸로 인정하고, 나머지 모습은 딸이 아니라며 부정하는 엄마. 엄마가 니나에게 강압적으로 순종적일 것을 요구한 적은 없다. 대신 그보다 더 강력한 방법을 쓴다. 달콤한 설탕을 입힌 말들로 니나 스스로 특정 성향 이외에는 철저히 통제하도록 무의식에 주입시키고 회유하는 것이다. 엄마는 니나를 이렇게 부른다.

"오, MY SWEETY! 나가지 마렴. 오, MY SWEETY! 오늘은 잘했니? 오, MY SWEETY! 케이크 좀 먹으렴. MY SWEETY, MY SWEETY……."

니나에게서 이상 증상이 보이는 것 같으면 엄마는 무표정하게 굳은 얼굴로 말한다.

"MY SWEETY, 너 왜 이래?"

니나에게 모든 일은 엄마의 'SWEETY'로 해내야 할 일과 하지 말아야 할 일 이렇게 두 가지로 나뉜다. 영화에서는 'MY SWEETY'라는 단어가 니나의 심리에 지대한 영향을 미침을 상징하는 장면들이 많이 나온다. 공연 전날, 집에 들어선 니나에게 엄마가 그린 그림 속의 사람들이 너도 나도 말한다.

'MY SWEETY?' 'MY SWEETY!' 'MY SWEETY~!' 'MY SWEETY!!!!' 'MY SWEETY……'

또 니나가 목욕을 하다가 잠수하는 장면에서 갑자기 수면 위에 릴리가 나타나 니나를 노려보며 말한다.

"MY SWEETY"

난 완벽해야 해. 스스로의 기대에 부응하기 위해서, 엄마의 기대에 부응하기 위해서, 주위 사람들의 기대에 부응하기 위해서 난 언제나 완벽해야 해. 니나를 보면서 난 나 자신을 보는 것 같았다. 본래 성향 자체도 늘 다른 친구들보다 내가 더 잘해야 하고, 남에게 인정받아야만 직성이 풀리는 구석이 있긴 했다. 그런데 그게 지금에 와서 내 의도와 무관하게 강박증이라는 이름으로 내 발목을 잡으리라고는 상상도 못하지 못했다. 말로만 듣던 '학원 10군데씩 뺑뺑이 도는 초등학생'이 바로 필자였다. 그렇지만 부모의 강요에 의해 하기 싫은 공부를 하러 학원을 돌았던 건 아니고, 모두 내가 하고 싶어서 시작한 예체능 학원들이었다. 미술, 바이올린, 피아노, 뮤지컬, 수영, 태권도, 컴퓨터……. 그렇게 여러 분야를 배우면서도 필자는 각각의 분야에서 인정받기 위해 열심히 했고, 덕분에 필자는 늘 칭찬받는 아이였다. 그렇게 초등학교, 중학교를 다니는 내내 댄스부활동도 하고, 장기자랑에서 노래도 부르고, 미술대회에서 상도 받고, 글짓기 상도 받고, 공부도 열심히 했더랬다. 어느 순간부터 "넌 뭐든 잘해서 좋겠다.", "넌 못하는 게 뭐니?", "만능이라서 부럽다." 같은 말들에 어깨 으쓱해하며 그런 시샘 섞인 시선들을 즐기고 있었다. 그러나 그것은 재앙의 시작이었다. 그 뒤부터는 무엇을 하든 '내가 뭐든지 잘하는 줄 아는 주위 사람들'의 시선을 먼저 의식하게 되었고, 한동안 그로 인한 스트레스를 이기지 못해 학업과 많은 대회를 소화해내는 가운데 우울증 증세가 보이기도 했다. 단연 가장 의식하고 부담되는 사람은 엄마였다. 물론 말씀은 "난 너에게 지나치게 기대하지 않아. 네 인생이니 너 스스로를 위해 늘 최선을 다하렴." 하고 말씀하시지만, 다들 알다시피 부모의 마음이라는 것이 말 같지가 않다. 필자가 태어날 때부터 각 분야에 천재적인 재능을 가지고 태어나 두각을 나타낸 것이라면 그렇게 힘들지도 않았을 것이다. 전부 내가 열심히 노력한 땀과 어느 정도의 운이 만나 만들어낸 결과들이다. 그러나 사람들은 그런 내 노력에는 아무도 관심을 가져주지 않는다. 그저 결과만 볼 뿐이다. 따라서 또다시 무언가를 하게 되면 이전과 같은 두각을 나타낼 수 있을까 하는 불안감이 늘 나를 지배했다. 그리고 그 불안감은 고등학교 3학년인 지금, 대학과 관련한 불안감으로 최고조에 달하였다. 대학에 앞으로의 내 인생이 달려 있다고 말씀하시는 어른들. 막연하게 '이 정도 대학은 가지 않겠나?' 하는 생각으로 지내다가 현실적인 수치로 따지기 시작하니 끝없이 커져만 가는 이상과 현실의 괴리감은 절망 그 자체였다. 늘 부모님의 자랑거리가 되고 싶었고, 또, 늘 그렇게 되어왔다. 그러니 대학에 떨어지고 부모님에게 부끄러운 존재가 되는 일은 스스로 용납하기 어렵다. 불확실한 미래에 대한 불안감과 실패했을 때 나에게 닥칠 패배감 그리고 낙오자를 바라보며 동정할 주위의 시선들. 고3이라면 이런 극도의 정신적 불안상태가 '당연한' 현상으로 취급되는 여기는 대한민국이다. 니나는 우리나라 고3의 모습과 너무도 닮아 있다.

프로이트의 정신분석학

정신분석학의 창시자 프로이트(Sigmund Freud)는 우리의 마음이 의식, 전의식, 무의식으로 나뉜다고 보고, 이를 발전시켜 마음은 다음과 같은 세 가지 요소가 결합된 것이라 보았다. 첫째, 원초아(id). 원초아는 태어날 때부터 가지는 자아로 인간 이외의 동물들도 기본적으로 가지고 있는 가장 원초적이고도 본능적인 자아다. 원초아에는 성적 본능인 '리비도'와 공격적 본능인 '타나토스'가 있다. 단장이 니나의 본능을 일깨우기 위해 스스로를 만지고 느껴보라고 주문한 것은 이 '리비도'의 발현을 위한 것이었고, 니나의 본능이 눈뜨기 시작할 무렵 릴리와 성적인 행위를 하는 환상을 가진 것 역시 잠재되어 있던 '리비도'가 깨어났기 때문이다. 또, 니나는 자기도 모르게 몸을 긁어 상처를 내고 있었다. 바로 '타나토스' 때문이다. 니나는 평소에 지나치게 원초아를 억누르고 있었기 때문에 무의식중에 '또 다른 자아의 니나'가 나타나 몸을 긁는 비정상적인 방법으로 타나토스를 표출한 것이다. 그렇게라도 원초아를 표출해야 했음은 인간의 마음이라는 기재가 살기 위해 내린 어쩔 수 없는 결정이었다. 그 외에도 엄마의 손가락을 부러뜨리고, 대기실에서 자기 배를 유리로 찌른 것 모두 타나토스의 표출이라고 할 수 있다. 둘째, 자아(ego). 원초아와 현실 사이에서 조율하는 역할을 한다. 따라서 평소에 겉으로 드러나는 현실의 '나'라고 보면 된다. 셋째, 초자아(super ego)는 가장 이성적인 자아다. 윤리적이고 도덕적이며, '인내'와 '절제'라는 개념으로 설명된다. 미래와 이상의 완성을 추구하며, 자아를 감시하는 기능을 하기 때문에 우리가 보통 "양심의 가책을 느낀다."고 하는 것은 초자아가 작용한 결과라고 보면 된다. 자아는 원초아와 초자아 사이에서 균형을 유지하며 이 둘의 조화를 꾀해야 한다. 그러나 혹조 역할을 맡기 전까지 니나의 자아는 기능을 제대로 수행 하지 못했기 때문에 초자아가 지나치게 많이 발휘되고 원초아는 지나치게 억눌려 있는 상태였다. 그러다가 혹조 역할을 통해 원초아를 발현하려는 시도를 하게 되고, 억눌려 있던 원초아가 갑자기 발현되면서 완벽에 대한 강박증과 결합해 비정상적인 정신작용이 이뤄진 것이다.

　우리는 매순간 원초아와 초자아의 충돌 그리고 이 둘을 조율하려는 자아의 작용을 경험하고 있다. 매일 아침 '따르르르르르롱 따르르르르르롱' 알람이 울리고, 잠결에 알람 소리를 듣는다. 이때 우리의 원초적 자아는 '더 자고 싶어'라는 요구를 하게 되고 초자아는 '안 돼. 더 자고 싶지만 지금 일어나지 않으면 지각할 거야.' 하고 거절하게 된다. 그 순간 현실의 자아는 이 둘 사이에서 판단을 내려야 한다. 무심결에 알람을 '탁' 끄고 도로 자는 사람이 있는 반면, 꾸역꾸역 자리를 털고 일어나는 사람이 있다. 전자는 원초아가 강한 사람, 후자는 초자아가 강한 사람이다. 물론 알람 소리를 들었을 경우는 초자아의 손을 들어줘야 하는 경우이므로 전자는 자아가 제대로 작용하지 못한 사람이고, 후자는 자아가 제대로 작용한 사람일 것이다. 그럼 이제 우리 스스로를 한번 뒤돌아보자. 원초아 혹은 초자아가 지나치게 많이 발휘되어 문제를 만들고 있지는 않은가? 만약 당신이 전자라면 절제력을 좀 더 키우려 노력해야 할 것이고, 후자라면 운동이나 음악 활동 등의 건전한 방법을 통해 본능을 표출해줄 필요가 있을 것이다.

사랑

소유양식적 삶과 동성애를 중심으로

백민주

1. 소유양식적인 사랑 vs 존재양식적 사랑

《사랑의 기술》이라는 유명한 책의 저자인 에리히 프롬은 가장 이상적인 사랑의 형태로 '존재양식적 사랑'을 꼽는다. 사랑의 방식에는 크게 소유양식적 사랑과 존재양식적 사랑이 있다. 전자는 인간의 힘으로 '소유'할 수 있는 것들로 인한 사랑을 하며 상대방마저 소유하려 드는 사랑인 반면, 후자는 인간의 힘으로 가질 수 없는 '존재'라는 초월적인 이유로 사랑을 하는 것이다. 따라서 요즘 사람들이 흔히 "예쁘게 생겨서 좋아. 몸매가 끝내줘서 좋아. 돈이 많아서 좋아." 하는 것들은 모두 소유양식적 사랑이다. 진정한 사랑은 사랑해야겠다고 마음먹어서 사랑하는 것이 아니라 사랑하기 때문에 어쩔 수 없이 사랑하는 것이다. '~ 때문에 사랑해'는 조건들이 사라지면 사랑도 같이 사라지게 마련이다. 진정한 사랑은 '~임에도 불구하고 사랑해'가 되어야 한다.

얼마 전 '네이트 판'이라는 게시판에서 '못생긴 남친(남자친구의 줄임말) 때문에 스트레스 받아요'라는 제목의 글이 많은 사람의 공감을 얻은 것을 보았다. 내용은 대충 이러했다. 글쓴이는 외국 명문대를 다니고 있고, 학교에서 지금의 남자친구를 만났다. 남자친구는 매사에 열심히 하여 자기 분야에서 인정도 받고 있고, 글쓴이를 지극정성으로 잘 챙겨준다. 나무랄 데 없는 '된 남자'이지만 남자친구의 외모가 한국의 기준으로 볼 때 많이 못생겼기 때문에 주위의 한국 지인들이 글쓴이에게 스트레스를 준다는 것이었다. 한국에 2개월 정도 머무르는 동안 남자친구랑 같이 걸어 다닐 때면 "남자가 돈 완전 많나봐~" 하는 소리는 기본이고, 지인들에게 남자친구 사진을 보여주면 제일 먼저 하는 소리가 "돈은 많아?" 혹은 "옷은 잘 입니?" 하는 질문들이었다고 한다. 그중 에피소드 하나를 소개하자면 이렇다.

젊은 사람들이야 뒤에서 욕한다고 하지만 어르신들은 보시면 아주 대놓고 말하시더라고요.

어느 날 지하철에 둘이 서서 알콩달콩 애교도 피면서 가고 있는데 앞에 앉아계신 아주머니께서 남친한테 "대학 어디 나왔어?" 하시기에(이때도 정말 전 어이가 없었어요. 모르는 사람한테 불쑥 대학을 어디 나왔냐니······) 남친이 "외국에서 공부했습니다." 라고 대답하니까(남친은 자랑 같은 거 정말 싫어해요. 학벌 얘긴 남들이랑 아예 얘기하는 걸 피하는 편) 어디 대학이냐고 꼬치꼬 치 물으시더라고요.

그래서 대답하니까 "난 거기 어딘지 모르겠는데, 지금 뭐하는 데? 돈 많이 버나봐?"

이러시길래 남친이 전문직에 종사하고 있다고 하니까 "역시 그 러니까 미인을 데리고 다니지." 하시는 거예요.

제가 조금 뿔이 나서 "저도 같은 학과 같은 학교에서 공부하는 중이에요."라고 말씀드리니까(제가 돈 보고 오빠 만나는 게 아 니라고 말하고 싶어서) 갑자기 혀를 끌끌 차시면서 "그럼 남자가 빨리 돈을 벌어야겠네. 나중에 졸업해서 여자 도망가면 어쩌게? 여자들은 못생긴 남자라도 자기보다 잘나면 따라다니다가 능력 비슷하고 더 잘생긴 놈 나타나면 달아나버려."

이런 식으로 말씀하시는데 도대체 뭐라고 대꾸해야 할지 몰라 서 남친은 "그래야죠~ 잘 벌어서 호강시켜줘야죠~" 하면서 넘기 는데 너무 미안하고 화나서 바로 그 아주머니 자리에서 피했네 요······.

바로 이게 물질화 된 사랑이 판을 치는 우리나라의 '현실'이다. 그나마 조건만 따지면 양반이다. 더 많은 잉여물을 취해 더 많은 이익을 남기려는 데서 중시되기 시작한 '빨리빨리'풍조는 적용 되지 말아야할 대상에까지 적용되어 많은 부작용을 야기했는데, '사랑'역시 예외는 아니었다. 감정의 물질화는 감정의 가장 밑바 탕이 되는 '사랑'까지도 물질화시켰고, 이를 드라마나 영화가 더 부추김으로써 인스턴트적인 사랑이 만연하기에 이르렀다. 요즘 젊은 세대 사이에는 '원 나잇(초면인 남녀가 하룻밤 사랑을 나누 고 다음날 깨끗하게 헤어져 남남으로 돌아가는 것)'은 하나의 '그 들만의 문화'로 자리 잡았다. 책임감을 바탕으로 정신적인 교감 을 나누어야 할 사랑행위에 오로지 육욕만이 들끓는 원 나잇은 '빨리 빨리' 사회에서 '빠른 사랑'을 원하는 젊은 남녀들에게는 안 성맞춤인 것이다.

하지만 사랑은 느려야 한다. 오토바이를 타고 가는 사람과 걸 어가는 사람에 비유해보자. 오토바이를 타고 가는 사람은 오로 지 엄청난 스피드의 쾌감에만 온몸을 맡긴다. 하지만 오토바이 가 멈춰서는 순간 절정에 치닫던 쾌락은 온 데 간 데 없고 허무 만이 남는다. 걸어가는 사람은 천천히 걸으며 교통수단을 이용 할 때는 포착하지 못했던 것들을 포착하고 또, 느낀다. 계절의 순환에 따라 나뭇잎색의 변화를 포착하기도 하고, 꽃들이 만개 한 화단을 보고 아름답다고 생각하기도 한다. 그 여운은 오래오 래 가기 때문에 그날 하루가 기분 좋다. 느림의 정도는 기억의 강도에 비례하고, 빠름의 정도는 망각의 정도에 비례하기 때문이다. 어느 쪽이더 인간다운 삶의 방식인지는 굳이 언급하지 않아도 스스로 알 것이다. 기어코 동물과 다를 바 없이 육체적 쾌락만으로 만족하고 살겠다면 말릴 수 있겠느냐만 적어도 한 번뿐인 인생, 인간으로 태어나 인간만이 느낄 수 있는 고유의 숭고한 감정들을 경험해보지 못한다면 억울하지 않을까?

2. 동성 간의 사랑

현대 사회에서 나타나는 '사랑'의 특징은 인스턴트 사랑뿐만이 아니다. 동성애 또한 꾸준히 이슈가 되면서 점점 수면 위로 떠오르고 있는 사랑 유형이다. '사랑'이라는 감정은 참 광범위한 개념이다. 남녀 간의 사랑, 부모자식 간의 사랑, 동물 사랑, 환경 사랑……. 그 종류는 셀 수 없이 많다. 그런데 그중 유독 '같은 성(姓)끼리의 사랑'은 언제나 사회 저 뒤편, 은밀한 곳에 머물러 있었다. 사회는 동성애자들을 '비정상'으로 취급하며, 결함이 있는 '광기'로 몰아갔다.

그러나 인위적으로 '사랑'이라는 감정을 느낄 수 있는 상대의 범위를 국한시킬 수는 없다. 우리는 흔히 "머리로는 알겠는데 마음이 따라주지 않는다."는 표현을 쓴다. 즉, 우리가 어떠한 감정을 느끼는 것은 이성적 판단을 통해 의식적으로 걸러낼 수 있는 범위 밖의 것이라는 의미다.

고대 그리스 로마시대에 가장 숭고한 사랑이라고 여겨졌던 동성애는 결혼제도가 정착한 이후로 죄악시하게 되었고, 그 이후 서구 사회는 동성애를 종교적인 차원에서 금기로 못 박아버렸다. 우리나라 역시 고려시대 정도까지만 해도 동성애는  자연스러운 것이었다. 그러나 조선시대로 접어들면서 사회는 이성간의 사랑만을 강요했다.

우리가 존경하는 세종대왕님도 궁내에서 이루어진 동성간의 사랑을 '처형'이라는 벌로 다스림으로써 동성애가 은밀한 금기로 여겨질 수밖에 없는 사회 분위기를 조성했다. 이것이 오랫동안 굳어지면서 오늘날 우리는 동성애자들의 '다름'을 '틀림'으로 인식하게 되었다. 그들의 지극히 주관적인 취향이 소수라는 이유 아래 '광기' 취급을 당하게 된 것이다. 다행스럽게도 최근에 텔레비전 드라마 혹은 영화를 통해 동성애자들의 모습이 다뤄지면서 그들의 존재가 표면 위로 드러나고 있다.

일부는 이러한 현상을 마치 우리 사회 전체가 동성애자들의 세상이 될 것처럼 반응하지만, 이는 과민반응이다. 일단 성적 소수자들의 존재는 자명한 사실이고, 그것을 해결하는 방법은 '인정'이 최선이다. 후천적 요인이 아닌 선천적인 원인으로 인한 개인의 취향 문제인 만큼 덮어 놓고 누르려 한다고 해서 해결되지는 않는다는 말이다. 동성애를 하는 그들이 비정상적인지, 이성애를 하는 우리가 비정상적인지는 지극히 상대적인 것이다.

실제로 동성애라는 영역이 음지라 잘 드러나지 않을 뿐, 전 세계 인구의 77%가 양성애자, 20%가 동성애자, 3%가 이성애자라고 한다. 즉, 인구의 97%는 동성애가 가능하다는 이야기다. 사실 따지고 보면 친구끼리 느끼는 끈적한 우정 역시 강도가 약할 뿐 동성애라고 볼 수 있다.

생명체가 환경과 관계를 맺어가면서 나름대로 안정된 형태로 적응해가는 진화과정은 결국 '생물집단의 다양성'으로 나타난다.

다양성이 확보된 집단이야말로 건강한 생태계를 이루며 같은 종 안에서도 유전적 다양성이 클수록 건강한 것이다. 따라서, 그들의 '다름'을 '사회의 건강을 위한 다양성'의 측면에서 바라보고 인정해주어야 할 것이다.

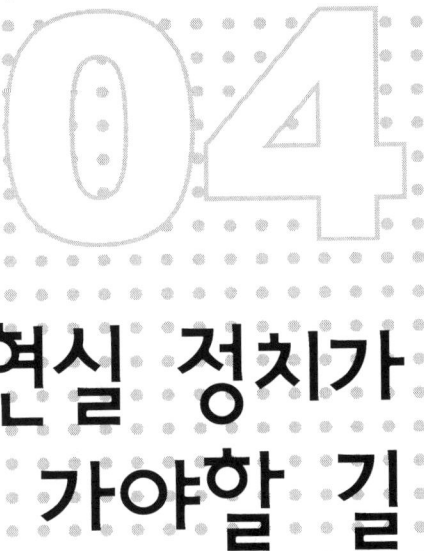

04

현실 정치가
가야할 길

01

노숙인 할아버지를 만난 세훈

대한민국의 노동현실과 노숙인의 삶을 돌아보다.

박세훈

추운 겨울날, 도서관에 갔다. 그런데……

방학을 맞이해 여유를 가지고 도서관에 갔을 때의 일이다. 아침 일찍부터 길을 나섰는데 그날따라 체감기온이 매우 낮아 몸을 잔뜩 움츠리고는 도서관으로 향했다. 평소 즐겨 읽던 주간 잡지와 관심이 있던 책을 한참 동안 읽다 보니 배가 너무 고파서 허기를 달래기 위해 구내식당으로 향했다. 메뉴를 두고 조금 고민을 하긴 했지만, 가격이 저렴하고 따끈한 국물이 있는 라면이 끌려서 라면식권을 샀다. 식권을 배식구 쪽에 올려놓은 뒤, 주문한 라면이 나오기를 기다렸다.

기다리던 중, 어떤 할아버지 한 분께서 배식구를 향해 걸어오셨다. 그 할아버지의 옷차림은 후줄근했고, 머리는 아무렇게나 헝클어져 있었으며, 추운 날씨 탓인지 두 손을 마구 비비면서 걸어오셨다. 할아버지께서는 나처럼 배식구 쪽에 식권을 하나 올려놓으셨다. 그런데 그 식권은 무슨 식권이었을까? 나처럼 따끈한 국물의 라면? 맛있는 돈까스? 아니면 든든한 정식? 다 틀렸다. 공기밥이었다.

'공기밥'이라고 적힌 식권을 쳐다보며 나는 이렇게 생각했다.

'아, 저 할아버지께서 라면이나 만두백반 같은 음식을 시켜서 드시다가 남는 국물에 밥을 말아먹고 싶으셔서 공기밥을 하나 시키시는 것이겠구나.'

한편, 그 할아버지께서는 공기밥을 퍼주는 식당아주머니께 많이 달라고 말씀하시면서 기대에 찬 눈빛이 가득했고, 입에는 웃음기를 머금고 계셨다. 가득 눌러 담긴 공기밥을 받아든 할아버지는 단무지와 김치가 놓여 있는 뒤쪽으로 가서는 한참을 서 계셨다. 뭐하시나 하고 곁눈으로 쳐다보았더니 단무지를 공기밥 높이만큼 덜어서 반찬그릇에 담고 계셨다. 나는 속으로 '설마' 하고 생각했다.

잠시 후, 내가 주문한 라면이 나왔고 나는 라면을 받아 식당의 빈자리를 찾아 앉았다. 짧게 숨을 고른 뒤, 라면을 먹으려고 수저를 드는데 뒤쪽에서 쩝쩝거리는 소리가 크게 들렸다. 소리가 들리는 쪽으로 살짝 돌아보았더니 아까 그 할아버지께서 밥을 드시고 계셨다. 물론 메뉴는 밥 한 공기와 단무지가 전부. 순간 내 머릿속은 무지 복잡해졌다.

'아직 라면을 먹지 않았으니 이 라면이라도 저 할아버지께 드시라고 드릴까? 아냐, 내가 조금 나이 들어 보인다고 쳐도 적어도 학생으로는 보일 텐데 할아버지께 그런 행동을 하는 게 맞는 걸까? 아니지, 그런 거 따질 게 아니라 친구한테 밥 한 끼 사준다고 생각하면 같은 거 아닌가? 아, 그럼 부담 없이 라면국물만이라도 조금 나눠드릴까? 음, 다시 생각해보니 저 할아버지는 나랑 전혀 모르는 사이인데 내가 신경 쓸 필요가 있을까?……'

수많은 생각이 머릿속에 스쳐지나갔지만 결국 답을 찾지 못하고 젓가락을 들었다. 결코 편하지 않은 마음으로 한 젓가락, 한 젓가락 라면을 먹었다. 먹는 내내 그 할아버지의 단무지 씹는 소리가 귀에 울렸다. 양도 얼마 되지 않는 라면 한 그릇을 비우는데 왜 그리 오래 걸리는 것처럼 느껴졌던지. 라면을 다 먹고 뒤를 돌아보았더니 어느 새 할아버지께서는 식판을 치우고 식당 밖으로 나가고 계셨다. 그래서 나도 얼른 식판을 치우고 할아버지의 뒤를 밟았다.

그때의 내 생각은 이랬다.

'많은 할아버지들께서 신문 같은 것을 읽으러 도서관에 많이 들어오시니 저 할아버지도 그런 할아버지들 중 한 분이시겠지? 그렇다면 할아버지 모르게 따라가서 자리를 봐둔 다음, 빵하고 따뜻한 음료라도 하나 가져다드려야겠다.'

솔직한 말로, 많은 사람이 어리둥절해할지도 모른다. 이 이야기를 친구들에게 했더니 많이들 이해를 못했으니까.

"너랑 아무 관계도 없는 할아버지가 도서관 식당에서 밥 한 공기 드시는 게 무슨 문제이기에 네가 그렇게 신경을 쓰냐?"는 식의 반응도 있었다. 물론 나 역시 그 당시에도 그랬고, 이 글을 쓰고 있는 지금 이 순간에도 나의 그런 생각과 행동들이 왜 나왔는지에 대해 정확히 대답하지는 못하겠다. 단순한 연민의 감정에 이끌려 그랬을 수도 있고, 나름대로의 깊은 생각이 있었을 수도 있으니 말이다.

복잡한 마음을 안고 할아버지의 뒤를 밟았다. 아주 조심스럽게……

어쨌거나 나는 할아버지의 뒤를 밟았다. 할아버지께서는 계단을 이용해 위층으로 계속 올라가셨다. 나도 할아버지가 눈치를 채지 못할 정도의 거리를 유지한 채 계단으로 위층을 향해 올라갔다. 어느 새, 할아버지께서는 복도의 게시판 앞에서 무엇인가를 보고 계셨고, 나는 화장실에 잠깐 들어갔다가 나왔다.

화장실에서 나와 보니 마침 우연하게도 내 친구가 보였다. 그래서 자연스럽게 인사를 하고 다가갔다.

그러자 그때 할아버지께서 나와 친구가 서 있는 쪽으로 다가오셨다. 조금 놀라며 순간, '설마, 뒤를 밟은 걸 눈치 채신 건가?' 하는 생각이 들었다.

하지만 할아버지의 첫 마디 말을 듣고 나서 그게 아니란 걸 깨달았다.

"거, 5급 공무원이면 월급이 어느 정도 되려나?"

아마 게시판에 붙어 있던 공무원 채용공고를 보신 것 같았다. 한편, 그 질문을 받고 나서 당황한 나와 내 친구는 고개를 갸웃거리며 잘 모르겠다고 답했고 그때부터 삼십 분이 넘는 기나긴 대화가 시작되었다. 아니, 정확히 표현하면 그것은 할아버지의 장황한 연설(?)의 서막을 알리는 것이었다.

할아버지는 5급 공무원의 월급에 이어 9급 공무원의 월급을 이어서 물으시더니, 도서관 사서를 단적인 예로 들며 사회를 신랄하게 비판하기 시작하셨다.

도서관 사서는 편하게 앉아서 좋은 환경에서 일을 하는데도 안정적인 직장과 월급이 보장되어 있지만, 바깥에서 몸을 써서 일하는 노동자의 경우에는 근무환경도 열악할뿐더러 수입도 대부분 시급으로 하루하루 받아서 먹고 살기 때문에 불합리하다는 말씀이셨다.

눈이 오나 비가 오나, 더우나 추우나 위험을 감수하면서도 열심히 일하는 데도 제대로 된 대우는커녕 합당한 보수도 받지 못하는 게 우리나라 노동현실이라는 것을 꼬집으신 것이다. 게다가 그게 계속 이어지다보면 가난의 대물림도 자연스럽게 이루어져 악순환이 된다고도 말씀하셨다. 대한민국 사람이라면 누구든지 어느 정도 동의할 수 있는 내용일 것이다.

물론 대화가 이어질수록 이야기가 장황하게 늘여져서 핵심이 무엇인지 잘 모를 정도가 되었으나 하나는 확실했다. 사회를 위해, 우리나라를 위해 노력해달라는 것이었다. 지금 하는 공부도 단순히 대학을 가기 위해, 내 출세를 위해 하는 것이 아니라 정말 사회에 보탬이 될 수 있는 존재가 되도록 항상 깨어서 생각해달라는 것. 이것 하나는 확실했다.

나와 내 친구는 그냥 고개를 끄덕이는 정도의 반응과 필요한 대답 정도만 했기에 할아버지께 위로 같은 다른 메시지를 전해

드리지 못했다. 그저 공감의 표현을 할 뿐이었다. 하지만 그것만으로도 할아버지께서는 큰 위로와 힘을 얻으신 것 같았다. 말씀하시는 내내 반짝거리며 빛나던 눈동자를 보았고, 진심이 담긴 목소리를 들었기 때문이다.

유난히 바쁜 대한민국 국민으로서의 삶 속에서 잊고 살기 쉬울 것이다. 대한민국의 노동현실 말이다. 최저임금도 제대로 보장받지 못하면서 생계를 유지하기 위해 노동현장에서 힘을 쓰는 사람이 어디 한둘 있겠는가. 산재보험도 제대로 보장받지 못하면서 살기 위해 몸을 던지는 사람이 어디 한둘 있겠는가.

노숙인의 문제는 사회의 문제인가, 개인의 문제인가? 그것이 문제로다

한편, 할아버지의 말씀을 듣는 내내 이 할아버지의 정체가 무척이나 궁금했다. 단정 지을 수는 없지만, 그때의 정황이나 할아버지의 옷차림 등으로 미루어보아 노숙인일 가능성이 커 보였다.

실제로 겨울에는 꽤 많은 노숙인들이 도서관을 비롯해 지하철역 등의 공간을 돌아다니며 추위를 피한다고들 한다.

이 때문에 노숙인의 문제를 생각해보지 않을 수 없었다. 언론보도 등을 보면 최근 들어 노숙인들의 수가 급증하면서 그로 인한 피해도 속출해 정부 입장에서는 골머리를 앓고 있는 상황이라고 한다. 기차역 같은 데서 생활하는 노숙인들이 지나가는 사람들에게 행패를 부리거나 시간을 가리지 않고 고성을 내지르는 등의 문제가 있는 것이다.

이처럼 한국에서 노숙인이 심각한 사회문제가 되기 시작한 건 지난 1997년 IMF사태 이후부터라고 한다. 경제위기가 닥침으로써 많은 기업이 도산하고 자영업을 하던 사람들이 대거 일을 접으면서 노숙인들이 급증한 것이다.

이런 현실이니 할아버지께서 말씀하신 노동자뿐만 아니라 이러한 노숙인들을 위한 정책들도 필요할 것이다. 단순하게 지하철역에 온돌을 깔자는 이야기가 아니다. 적어도 인간다운 생활을 하며 대한민국 '국민'의 한 사람으로서 살 수 있게 해주어야 할 것이다. 지하철역에 온돌을 깔아준다면 노숙인들의 수가 늘어났으면 늘어났지 줄어들진 않을 것이다. 그것을 위한 가장 합당한 방법으로는 〈빅 이슈〉 같은 사례가 있다.

〈빅 이슈〉는 지난 1991년 9월 영국에서 존 버드와 고든 로딕이 창간한 노숙인을 위한 잡지다. 섣불리 판단하지는 마시라. 노숙인들과 관련된 내용이 주를 이루는 잡지가 아니다. 평범한 잡지인데 판매는 오직 노숙인만 할 수가 있다.

한국에서 나오는 〈빅 이슈〉는 월 1만 8,000부 정도 팔리는데, 판매원은 창간 당시 9명에서 현재 35명으로 늘었다고 한다. 그들이 얻는 이익은 1,400원에 잡지를 공급받아 3,000원에 판매함으로써 권당 1,600원이다.

〈빅 이슈〉 판매원의 자격은 '노숙을 경험한 이 가운데 자립 의지가 있으며, 행동수칙을 준수할 수 있는 사람'이다. 노숙인에게만 잡지 판매권을 줌으로써 경제적 자립을 지원하며 '빅판'(빅 이슈 판매원)이라는 직업을 통해 자존감과 자신감을 회복할 수 있도록 하는 것이다. 근본적이고 문제의 본질을 꿰뚫는 해결책은 이런 것이 아닐까?

물론 노숙인의 문제를 가지고 개인의 문제인지, 사회의 문제인지 많은 논쟁이 오가곤 한다. 어떤 이는 입에 거품을 물면서 노숙인들을 무조건 욕하며 단순한 개인의 문제로 치부해버리기도 한다.

과연 그럴까? 단순히 한 개인이 문제인 경우도 있을 것이고, 개인의 노력이나 능력과 별개로 사회안전망을 제대로 구축하지 못한 사회가 문제인 경우도 있을 것이다.

그렇기에 그건 개인의 문제, 사회의 문제로 이분법적으로 생각할 수 있는 문제가 아니라고 생각한다.

그리고 진심에서 우러나온 빛나는 한마디의 말

잠깐, 할아버지의 기나긴 말씀을 다 듣고 나서 내가 어떤 행동을 취했을지 궁금하지 않은가? 말씀이 끝남과 동시에 나와 내 친구는 할아버지께 예의를 갖춰 인사를 하고 나서 친구는 열람실로, 나는 매점으로 향했다.

할아버지가 우리와 이야기를 나눈 다음 어디를 향해 가시는지 방향을 봐둔 다음, 빠른 걸음으로(뛰었다고 표현하는 게 더 정확할 것이다) 계단을 내려갔다.

매점에 가서는 가장 덜 자극적이게 보이고 부드러워 보이는 빵한 개와 온장고 안에 들어 있던 따뜻한 음료를 하나 꺼냈다. 계산을 한 뒤, 역시나 재빠른 속도로 계단을 올랐다. 할아버지께서는 한 층 더 올라가 계셨지만, 나는 바로 찾을 수 있었다.

어색한 미소를 지으며 할아버지께 다가갔다.
"할아버지, 아까 말씀 정말 감사했습니다."
그러자 할아버지께서는 손사래를 치시며 "아유, 무슨…… 얘기를 들어준 것만 해도 고맙지." 하셨다.

그때 할아버지의 눈이 어찌나 밝아보였던지, 어쩌면 사람에 대한 반가움이었을까.

"할아버지, 아까 제가 말씀은 안 드렸지만 사실 제 꿈이 정치인이거든요. 할아버지께서 해주신 긴 말씀을 들으면서 많이 느꼈습니다. 고민 많이 하면서 살겠습니다. 정말 감사합니다."

할아버지께서는 더욱 반가운 얼굴을 하시며 "난, 그냥…… 학생들이 공부만 하는 게 아니라, 그런 것들도 계속 생각하면서 커서 나라를 움직이는 사람들이 되어서도 그걸 잊지 말아줬으면 하는 것뿐이야."라고 말씀하였다.

옷차림은 한낱 노숙인에 불과할지라도 그 마음은 정말 아름답게 느껴졌다. 나는 마지막으로 손에 들고 있던 빵과 음료를 내밀며 "정말 다시 한 번 감사합니다. 이 빵은 나중에 시장하실 때 드시고요. 날씨도 추운데 이거(따뜻한 음료) 손에 들고 손 좀 녹이세요."

처음에는 예의상인지, 어린 학생에게 건네받아서인지 거절하셨다. 하지만 다시 한 번 권했더니 얼굴에 아주 반가운 기색을 띠며 "Thank you very much!(정말 고맙다!)"를 외치셨다.

끝으로, 내 꿈이 정치인인 줄도 모르셨던 할아버지께서 여러 번 반복하시며 가장 강조하셨던 게 무엇이었는지 아는가?

"정치는 위정자들이 자기네들 배불리기 위해서가 아니라 국민

의 행복을 위해서 해야 한다."

미래의 정치인을 꿈꾸는 나는 물론이고, 지금 정치를 하고 있는 위정자들 그리고 이 글을 읽고 있는 모든 사람이 마음에 새겨야 할 말이지 싶다. 넓은 의미로 정치를 생각하면 우리의 모든 삶은 정치적이지 않은 것이 없기 때문이기도 하다. 그래서 그 말을 모두에게 적용하기 위해 살짝 바꾸고 싶다.

"세상은 혼자만 살아가는 것이 아니기에 자신뿐만 아니라 다른 이들의 행복까지 고려해야 하고, 보장해주어야 한다."

02

민주주의의 최후의 보루

민심을 논하려면 촛불시위부터 보고 말하자

박세훈

누가 시키지도 않았지만 스스로 나갔다. 촛불시위에……

한미 FTA 협상이 한창 진행 중이었을 때 부산 서면 중심가에서 벌어졌던 촛불시위에 참가했다. 야당 쪽에서는 촛불시위 같은 시위에 조직적으로 인원을 동원한다고 들었는데 부산은 신경 쓰지 않는 것인지 몇 번을 갔지만 사람이 많지 않았다. 그래서 부산은 정치적인 무관심이 판치는 지역이라는 것을 느꼈다. 한미 FTA가 옳고 그르고의 문제가 아니었다. 그게 무엇인지도 모르는 사람들이 많았고, 안다고 해도 별다른 관심을 쏟지 않고 먼 나라의 이야기를 듣듯 크게 개의치 않는 사람들이 많았다. 서울에서는 매번 시위 때마다 서울광장에 몇천 명의 시민이 모인다고 들었다. 지역적인 차이가 많이 나는 것 같아 안타까운 마음도 들었고 서울 지역이 부러웠다. 부산에서는 평균적으로 몇십 명의 사람이 촛불을 들고 나올 뿐이었고, 사람들이 가장 많이 모였을 때에도 5백 명도 채 넘기지 못한 것처럼 보였다. 물론 숫자가 전부가 아니라고 할 수도 있겠지만, 이러한 국민의 자발적이고 평화적인 시위에서는 숫자의 힘이 크다고 본다.

대학 입시를 앞둔 고등학생이 공부나 하지 시위를 하러 다니느냐고 미쳤다고 말하는 사람이 있을지 모르겠다. 하지만 나는 고등학생도 대한민국의 한 국민이라고 생각했고, 그런 생각을 마음속에 품고 당당하게 촛불시위에 참가했다. 사실 개인적으로는 처음 해보는 경험이었다. 광우병 파동이 났을 때에는 현실정치에 대한 관심과 이해가 부족했기도 했고 '시위'라는 단어에 왠지 모를 두려움을 느끼기도 했다. 무언가 무서운 일이 일어날 것만 같았고, 대중매체 등에서 보도하는 내용을 보면 나쁜 행동인 것 같이 보였기 때문이었다.

내가 촛불시위가 일어나는 것을 알게 된 것은 SNS를 통해서였다. '트위터'에서 많은 사람이 촛불시위의 장소와 시간이 담긴 글을 수없이 '리트윗'했고 내 눈에도 그 글이 들어와 관심을 가지고 참석하게 된 것이다. 무엇인가 대단한 생각을 가지고 참석한 것은 아니었다. 단지 내가 알아본 바에 의하면 이번에 맺게 되는 한미 FTA는 우리나라에 불리한 조항이 많았고, 농축산업에 대한 대책도 마련되지 않은 것 같이 보였기에 정당한 시정과 대책

마련을 촉구해야겠다는 가벼운 생각을 가지고 나섰다. 앞서도 말했듯이 부산에서의 촛불시위에는 그렇게 사람이 많이 참석하지 않는다. 그래서 예정시간보다 조금 일찍 갔더니 그곳에서 시위가 열리는 게 맞나 싶을 정도로 사람들이 전혀 모여 있지 않았다. 단지 현수막이 쳐 있을 뿐이었고 스피커를 준비하는 사람이 일하고 있을 뿐이었다. 어정쩡한 자세로 주위를 둘러보며 기다렸다. 예정된 시간이 되자 사람들이 하나둘 모여드는 모습이 보였다. 그들 중에는 아이들 데리고 나온 주부도 있었고, 넥타이를 맨 샐러리맨도 있었고, 대학생도 있었고, 나이가 지긋하신 할아버지도 있었고, 세련된 옷차림의 젊은 여성도 있었고, 고시공부를 하는 고시준비생도 있었다. 하지만 그들은 모두 99%에 해당하는 '평범한 사람들'이었고, 1%에 해당한다고 말할 수 있는 사람들은 보이지 않았다.

어찌되었든 다양한 사람들이 한 가지 뜻을 위해 한 자리에 모였다. 물론 '한미 FTA 반대 촛불시위'라는 이름 아래 모였지만 생각은 조금씩 다를 수 있었다. 한미 FTA 체결에 대해 전면적으로 반대하는 생각으로 나온 사람도 있을 것이고, 한미 FTA의 독소조항들에 문제의식을 가지고 나온 사람도 있을 것이고, 한미 FTA가 체결된다면 직접적인 피해를 볼 수밖에 없는 업종에 종사하는 사람이 자신들의 이익을 지키기 위해 나왔을 수도 있다. 조금씩 다른 생각을 가지고 있지만 이들이 뜻을 이루기 위해선 조금 다른 생각을 가지고 있더라도 비슷한 뜻을 가진 이들과 연대를 해야 했다. 촛불시위에 나온 이유도 바로 그것이었을 것이다. 혼자서 아무리 소리쳐봐야 한계가 있음을 아는 것이다.

촛불시위는 사람들이 온 순서대로 초를 받아들고 앞쪽부터 자리를 채워서 앉거나 옆쪽에 서는 것으로 시작되었다. 아, 이걸 본 누군가는 "저 초를 누가 산 거냐?"고 물으실지도 모르겠다. 잘 모르겠다. 촛불시위를 주도한 단체에서 주문했겠지. 사람이 많고 적고를 떠나서 시위에 참석한 이들은 자신들의 의사를 전달하기 위해 다양한 방법을 이용한다. 물론 촛불을 들고 자리를 차지하고 있는 것만 해도 의사 전달은 충분히 된다. 이들은 가수를 이용해 사람들을 끌어 모으기도 하고, 큰 목소리로 구호를 외치며 이목을 집중시키기도 하고, 자유 발언대에 나가 자유로운 발언을 하기도 하고, 그냥 크게 욕을 하며 의사 표현을 하기도 한다.

국민이 드는 촛불은 단순한 촛불 그 이상의 의미다

보수적인 성향을 가진 이들 중 상당수가 촛불시위에 나가는 사람들은 야당의 정치공작에 놀아나 선동 당했기 때문이라며 '촛불민심'을 폄하한다. 그들에게 묻고 싶다. 과연 그들은 '촛불시위'에 단 한 번이라도 참석해서 국민의 뜻을 몸으로 느껴보았는지를 말이다. 고(故) 노무현 전 대통령은 "민주주의 최후의 보루는 깨어있는 시민의 조직된 힘"이라고 말한 적이 있다. 우리나라의 근현대사를 공부하면 정치사가 다사다난했고 어두운 시기도 오래 거쳤다는 것을 알 수 있다. 그때마다 우리나라 국민은 4.19 혁명, 6월민주항쟁, 부마민주항쟁 등을 일으키며 저항했다. 그 결과 우리는 이러한 민주주의를 제대로 누릴 수 있게 된 것이다. 그냥 얻어진 것이 아니라는 점을 꼭 인식해야 한다.

4.19혁명이 없었더라면 부패한 이승만 정권이 장기집권을 하지 않았을까?

6월 민주항쟁이 없었더라면 전두환 군사정권이 우리나라를 오랫동안 지배하지 않았을까?

부마민주항쟁이 없었더라면 '한국적 민주주의'로 포장한 박정희 독재정권이 끝까지 권력을 잡지 않았을까?

민주주의 최후의 보루는 '깨어 있는 시민의 조직된 힘'이라는데에 동의하지 않겠는가. '깨어 있는 시민'의 '조직된 힘'이 없었더라면 우리나라 정치의 발전은 매우 더뎠을 것이라고 확신한다.

시위라는 수단으로 정치에 참여한 고등학생.

한편, 촛불시위를 몇 번 나가던 중 한 번은 발언권을 얻어 자유발언대에 선 적이 있었다. 여러 가지 이유가 있었지만 그중 가장 큰 이유는 이 시위의 참석자 중에 '고등학생'도 있다는 것을 보여주고 싶었다. 우리나라 국민의 정치적 무관심이 문제가 되고 있지만, 특히 대부분의 학생들은 정치적인 관심이 거의 없다. 기껏해야 신문 1면에 뜨는 뉴스의 제목을 알 정도일 뿐이다. 그래서 알리고 싶었다. 여기 고등학생도 왔다고. 물론 대한민국의 고등학생이 정치에 관심을 가진다는 것은 별난 짓인지도 모르겠다.

대학입시에 매달려 공부만 신경 쓰기에도 벅찬데 어떻게 정치에 신경을 쓸 수 있냐고 말할지도 모르겠다. 그렇다. 여건상 너무나도 어렵고 별난 일이다. 그럼 여기서 내가 문제일 것일까? 교육제도가 문제일 것일까? 판단은 알아서들 해보시라.

자유발언대에 서서 내가 외쳤던 발언의 요지는 바로 이것이었다. 독소조항들을 충분히 뺄 수 있음에도 왜 독소조항들을 그대로 넣은 채 협상을 타결하려 하는지, 그리고 국회에서 정상적인 토론과 합의 과정을 거쳐서 통과되어야 하는데 왜 날치기로 통과시키려 하는지, 농축산업에 대한 대책도 마련하지 않고 왜 이렇게 서두르는지 이해할 수 없었고 잘못되었다고 생각했다. 고등학생인 내가 자유발언대에 서서 그런지 사람들의 반응이 뜨거웠다. 청소년들의 정치적 관심과 참여를 바라는 사람들의 열망이 담긴 것도 같았다. 자유발언대에서도 '민주주의 최후의 보루는 깨어 있는 시민의 조직된 힘'이라는 말을 언급하고 내려왔다. 시위를 하는 내내 머릿속에 떠올랐던 말이었기 때문이다. 끝으로 민주주의에 대한 강한 열망을 표현한 시이며, 내가 가장 좋아하는 시를 옮겨 적으며 이만 줄이겠다.

타는 목마름으로

김지하

신새벽 뒷골목에
네 이름을 쓴다 민주주의여
내 머리는 너를 잊은 지 오래
내 발길은 너를 잊은 지 너무도 너무도 오래
오직 한 가닥 있어
타는 가슴 속 목마름의 기억이
네 이름을 남 몰래 쓴다 민주주의여

아직 동 트지 않은 뒷골목의 어딘가
발자국소리 호르락소리 문 두드리는 소리
외마디 길고 긴 누군가의 비명소리
신음소리 통곡소리 탄식소리 그 속에 내 가슴팍 속에
깊이깊이 새겨지는 네 이름 위에
네 이름의 외로운 눈부심 위에
살아오는 삶의 아픔
살아오는 저 푸르른 자유의 추억

되살아오는 끌려가던 벗들의 피 묻은 얼굴
떨리는 손 떨리는 가슴
떨리는 치 떨리는 노여움으로 나무판자에
백묵으로 서툰 솜씨로
쓴다.
숨죽여 흐느끼며
네 이름을 남 몰래 쓴다.

타는 목마름으로
타는 목마름으로
민주주의여 만세

03

빼앗긴 민족의 혼

국외유출 문화재 문제를 알고 계십니까?

박세훈

독도는 우리 땅이다. 그렇다면 고구려는 누구의 역사인가?

우리나라에 현재 가장 심각하게 대두된 역사문제는 무엇이라고 생각하는가? 누가 뭐래도 독도문제일 것이다. 일본이 독도와 동해를 다케시마와 일본해로 왜곡하려는 시도가 늘어나고 있으며, 일본은 독도가 세계적으로 분쟁지역으로 비춰지기를 바라기라도 하는 듯 계속해서 우리나라의 약을 올리는 것이 느껴질 정도다.

또한, 독도문제뿐만 아니라 동북공정문제도 큰 문제가 아닐 수 없다. 동북공정이란 중국 국경 안에서 전개된 모든 역사를 중국 역사로 만들기 위해 2002년부터 중국이 추진하고 있는 동북쪽 변경지역의 역사에 관한 연구 프로젝트를 뜻한다. 쉽게 말해 중국의 국경 안에서 전개된 모든 역사를 중국의 역사로 편입하려는 역사

연구 프로젝트다.

고구려와 발해 등 옛 우리 민족의 역사를 자기네들의 역사로 편입시키려다 보니 심지어 옛 우리 민족을 중국의 소수민족으로 편입시키기도 한다. 우리의 역사 유적지를 자기네들의 이름으로 유네스코(UNESCO) 문화유산으로 등록하는 일은 다반사다.

우리를 더 화나게 만드는 사실은 무엇인지 아는가? 그렇게 중국의 문화재로 등록하고도 제대로 관리조차 하지 않아 훼손된 문화재가 많으며, 심하게는 흔적조차 없이 사라져버린 문화 유적까지 있다는 사실이다. 웅장하던 고구려의 성벽이 다 허물어지고 토마토밭으로 변해버린 모습을 상상해보시라.

중국의 동북공정을 향한 열정은 정말 대단하다. 고구려와 발해의 문화재와 문화 유적지를 자기네들의 것으로 만들어버리는 것으로도 모자라 아리랑 같은 무형문화재까지 넘보고 있다. 또한 동북공정을 수월하게 진행하기 위해 최근에는 만리장성의 길이까지 늘이고 있다고 하니, 어느 정도인지 잠작하리라 생각한다.

그러나 우리 정부는 제대로 된 대응조차 못하고 있다. 단지 현재 우리나라의 국경 안에 있는 것이 아니라서 가만히 지켜만 보고 있는 것인지도 모르겠다. 전략적인 외교의 노력도 필요하고, 고구려와 발해에 대한 국내외의 체계적이고 실질적인 역사연구도 더 절실하다고 생각한다.

아, 혹시 고구려가 우리 민족의 나라가 맞느냐고 반문하는 사람이 있을지도 모르겠다. 너무 오래된 역사이고 우리가 확인할 길이 없기 때문에 잘 모르겠다고 말할 수도 있을 것이다.

그런데 확실한 증거가 하나 있다. 4년마다 열리는 올림픽을 보시라. 무슨 말이냐고? 바로 올림픽 효자종목인 '양궁'을 보라는 것이다. 올림픽이 열릴 때마다 양궁은 우리에게 끊임없이 메달 소식을 전해온다. 그것도 황금색으로.

보라. 우리 민족이 고구려의 시조 주몽의 후예이기에 가능한 일이지 않겠는가?

사람들이 관심을 가지지 않는 역사문제가 하나 있다

그러는 한편, 나는 최근의 역사와 관련된 문제 중 동북공정문제 외에 우리나라 유출문화재의 반환문제를 다루고 싶다. 솔직히 독도문제나 동북공정문제에 비해 많이 생소한 사람이 많을 것이다. 대중매체에서도 많이 다루지 않을뿐더러 정부 차원에서의 움직임도 거의 없으며, 자연스레 개개인의 관심도 떨어지기 때문이다. 정말로 중요하고 심각한 문제임에도 말이다.

우선, 2010년 문화재청 보도 자료에 따르면 해외에 있는 우리 문화재는 일본 6만 1,409점, 미국 2만 7,728점, 중국 3,981점, 영국 3,628점, 러시아 2,693점, 독일 2,260점, 프랑스 2,093점 등이라고 한다. 밝혀진 자료는 공식적인 반출규모라고 하니, 실제로 유출된 우리 문화재의 수는 훨씬 많을 것으로 추정된다.

우리나라의 문화재가 본격적으로 유출되기 시작한 건 임진왜
란 이후다. 왜냐하면 임진왜란 이후에 일본이 우리나라의 도자기
장인들을 비롯한 우리나라 사람들뿐만 아니라 수많은 문화재를
훼손하거나 본국으로 약탈해가는 등의 행위를 저질렀기 때문이
다. 게다가 병인양요, 신미양요 그리고 일제 강점기를 거치는 동안
10만 점이 넘는 우리 문화재가 해외로 유출되었다고 하니, 외국인
들의 눈에 우리의 우수한 문화재가 많이 탐나긴 탐났나 보다.

한편, 인류학자 키스 니클린은 문화재 약탈행위를 '강탈'이라는
단어로 표현했고, 키플
레 요테는 문화재를 약
탈해간 뒤, 반환하지 않
는 이러한 현실을 '문화
제국주의'라고 표현하
며 비판했다. 강탈과 문
화제국주의, 정말로 적
절한 표현인 것 같지 않
은가? 소위 말하는 '강
대국'들만이 할 수 있는
악랄한 행위임이 분명
하다.

그럼 우리는 그렇게 유출되었던 문화재들을 반환받기 위해 제 대로 된 노력은 하고 있는 걸까? 나는 그게 가장 궁금했다. 다른 역사문제에 비해 잘 다뤄지지도 않으니 더더욱 그랬다.

우선 우리나라의 유출문화재가 가장 많이 분포하고 있는 일본 과의 관계를 살펴보면 1965년 한·일 협정을 체결하면서 1,400여 점의 문화재를 돌려받은 이래로 한·일 정상회담 그리고 정부 간 협상 등의 방법을 통하여 문화재 반환 작업은 계속해서 이뤄졌 는데 별다른 성과가 없었다고 한다.

또, 일본 말고도 여러 나라에 유출된 문화재가 많이 있다. 대 표적으로 프랑스에 유출되었던 외규장각 의궤를 들 수 있는데, 병인양요 때 유출되었던 이 외규장각 의궤가 무려 145년 만에 우 리나라에 돌아오게 되었다. 2011년 4월의 일이었는데, 물론 5년 간의 대여형식이라는 한계점을 가지고 있지만 자동갱신이 되는 것이기에 현실적인 프랑스와의 외교관계로 보나, 세계정세로 보 나 사실상 반환에 가까운 것이라고 볼 수 있다. 완전한 반환이 아니라 아쉬운 마음도 있지만 이것만으로도 얼마나 기쁜 일인가, 그렇지 않은가?

그럼 앞으로 어떻게 해야 유출된 우리 문화재들을 제대로 반 환받을 수 있을까? 개인적으로 이집트의 사례에서 모범답안이라 할 만한 것을 찾았다. 이집트에서는 범정부적 문화재 반환 활동 을 추진하고 문화재위원회를 구성하여 유출 문화재에 대한 조사를 하는 등 2002년부터 2010년까지 모두 3만여 점의 유출문화재를 돌려받는 성과를 거두었다고 한다.

그리고 2010년 11월, 미국은 예일대학교가 보관하고 있던 잉카 문명의 유물 4만 6,000점을 모두 페루에 반환하기로 약속했다. 연구를 이유로 18개월 대여 형식으로 빌려간 유물들이었는데 무려 100년 만에 주인을 찾게 된 것이라고 한다.

페루라는 나라는 세계적으로 보면 힘없고 가난한 나라다. 그러나 그들에게는 미국이라는 세계 초강대국조차 꺾을 수 없는 숭고한 정신의 힘이 있었다. 그것은 바로 조상의 유물을 되찾겠다는 페루 정부와 시민의 뜨거운 열망이었다. 국력을 떠나 유출된 문화재들을 돌려받겠다는 강한 의지가 있었기에 가능한 일이었다. 또한 정부와 국민의 노력의 합작품이다.

참고로 지난 60년간 우리 정부가 회수한 문화재는 불과 5,000점이다. 이집트는 8년간 3만여 점의 문화재를 돌려받았고, 페루가 한 번에 4만 6,000점을 되찾았다는 사실도 참고했으면 한다.

그런데 지금까지 우리나라에서의 유출문화재 반환운동은 주로 시민단체와 종교계에 의해 산발적으로 진행되었다. 국가 차원에서의 적극적인 움직임이 부족했던 것이다. 범정부적 차원의 적극적인 유출문화재 반환을 위한 연구 및 활동이 절실하다고 느낀다. 또한, 범정부적 차원의 적극적인 연구와 활동뿐만 아니라 전 국민적인 관심과 움직임도 필수적으로 동반되어야 한다고 생각한다.

독도문제가 그렇지 않은가? 정부적 차원에서의 대응도 하고 있지만, 모든 국민이 적어도 독도문제에 대해서 알고는 있지 않은가? 일본이 독도를 가지고 논란을 만들어내고 있고, 역사를 왜곡하려 든다는 사실을. 그래서 독도문제가 전 국민적인 화두이기도 한 것이다. 게다가 유명 연예인들도 독도와 관련된 활동을 많이들 하다 보니 자연스럽게 전 국민적인 관심을 불러일으킬 수 있었을 거다.

이처럼 유출문화재 반환문제도 모든 국민이 인식해서 그것에 대해서 알고, 문제의식을 가져야 더 힘이 실릴 수 있음이 분명하다. 언론의 역할도 중요하겠지만 이러한 문제를 먼저 인식하고 있는 사람들의 자세도 중요하다.

주변사람들에게 한 번 물어보자. '우리 민족의 혼이 외딴 곳에서 울고 있는' 사실을 알고 있는지를 말이다.

하나가 되어야 하는 우리

내 소원은 첫째도, 둘째도, 셋째도 통일이오

박세훈

헌법 제4조 : 자유민주적 기본 질서에 입각한 평화적 통일 정책을 수립하고 이를 추진한다

헌법에 나와 있다. 우리나라의 영토는 한반도와 그 부속도서로 한다고. 그러나 우리는 한반도의 북쪽으로 함부로 갈 수 없다. 아직 전쟁이 끝나지 않았기 때문이다. 단지 '쉬고 있을' 뿐이다.

20년이 흘렀다. 독일이 하나가 된 후.
60년이 흘렀다. 한반도가 반으로 갈라진 후.

통일이라는 우리 민족 최대의 과업 또한 헌법에도 명시되어 있다. 우리는 '평화적 통일'을 지향해야 한다. 하지만 계속되는 우리 정부의 북한에 대한 적대적인 태도와 계속되는 북한의 대남도발을 보면 통일은 결코 쉽지 않아 보인다. 틈만 나면 "서울을 불바다로 만들어버리겠다."며 협박 아닌 협박을 하는 북한이기 때문이다.

독일 통일에서 교훈을 얻어 보면 어떨까? 나쁠 건 없지 않은가?

우선 우리와 비슷한 상황에 처해 있다가 먼저 통일이라는 위업을 달성한 독일의 경우를 살펴보는 것이 중요할 것이다. 역사를 공부하는 이유도 그런 것이 아니겠는가. 과거를 배우고 그것을 통해 얻은 교훈을 현재에 적용시켜 미래를 더 나은 방향으로 나아가게 하기 위한 것.

독일과 한반도는 일단 결정적으로 분단국가였다는 사실이 가장 큰 공통점이다. 같은 민족끼리 붙어살고 있었지만 독일에는 베를린 장벽이, 한반도에는 휴전선이 중간을 막고 있었다. 한반도는 지금도 여전히 막혀 있다. 또 정치경제적 상황이 남한은 서독, 북한은 동독과 닮았다고 할 수 있다. 각각의 경제체제도 비슷하고 서로의 경제력이 차이가 많이 나는 것도 닮았다. 다른 걸 다 떠나서 독일이 분단국가였다는 사실 하나만으로도 독일 통일의 사례를 가지고 교훈을 도출해낼 필요성이 충분하다.

그렇다면 독일과 한반도의 통일여건 상의 차이점은 어떤 것이 있을까? 먼저 당시의 동서독과 남북한을 비교해보면 분단의 수준부터 다름을 알 수 있다. 독일의 경우에는 동서독이 단일 경제권으로 취급되어 상호간의 경제교류를 비롯한 인적·물적 교류가 활발하게 지속되어 왔다. 반면, 남북한의 경우 상호 불신과 적대감이 높은데다 지난 시간 동안 추진되어온 인적·물적 교류도 지극히 제한적이었다는 것을 뜻한다. 게다가 결정적으로 당시 동서

독은 상호간 텔레비전과 방송청취까지 가능했다.

남북한도 상호간 텔레비전 시청만 가능하게 되더라도 민족의 동질성 회복과 다양한 교류에 큰 도움이 되지 않을까 싶다. 거기다가 남한의 선진화된 모습을 본 북한 주민의 각성도 일으킬 수 있다. 하지만 철저한 세뇌교육과 폐쇄적인 구조로 국가를 운영하는 북한이 그렇게 할 가능성은 매우 낮아 보인다.

다음으로 동독 주민은 민주주의의 경험이 있었다는 점이 있다. 이는 동독 주민도 현재 북한 주민과 마찬가지로 공산 독재체제 하에 있었으나, 1789년의 프랑스 혁명 정신을 계승했고 바이마르 공화국이 존재하는 동안 선진적 민주제도를 경험했다. 반면, 북한 주민은 민주주의의 간접적인 경험조차 없으며, 철저한 세뇌교육과 주민통제로 반체제 세력은 성장조차 못하고 있는 실정이다. 참고로 당시 동독에서는 교회 등을 중심으로 반체제 세력이 성장했고 작게나마 활동을 해왔다고 한다. 북한에서 반체제 세력이 조직적으로 만들어질 수 있는 확률은 매우 낮다고 본다.

또한 북한은 당시 동독에 비해 체제수호 의지가 매우 강한 점이 있다. 동독은 2차 대전 이후 소련의 군사적 보호 하에 있었고, 1953년 동베를린 노동자 시위가 소련의 탱크에 의해 무참히 진압된 이후 심각한 체제위기를 겪지 않고 지내왔다. 따라서 체제수호에 대해 안이하게 판단하고 있었다. 반면, 북한의 경우 한국전쟁 이후 김신조 일당이 붙잡힌 사건, 연평도해전 등의 대남도발을 일삼고 있으며 김일성-김정일 체제를 맹목적으로 추종하는 세력이 많고 주민은 철저한 세뇌교육 아래서 살고 있기 때문에 동독에 비해 북한의 체제가 갑자기 붕괴될 가능성도 낮을뿐더러 붕괴되는 데도 훨씬 오랜 기간 동안의 고통이 따를 것으로 예상된다.

사실 독일의 통일은 어느 날 갑자기, 예상치 못하게 일어났다고 보는 것이 정확하다. 잘나가던 동유럽의 공업국가 동독이었다. 그렇게 한순간의 말실수(동독 공보담당 정치국원이었던 샤보프스키가 기자회견에서 "지금부터 누구나 자유여행을 할 수 있다."는 내용을 잘못 설명함)로 베를린 장벽이 무너질 거라고 예상한 사람은 아마 없을 것이다. 이러한 차이점과 독일 통일의 특수성을 정확히 인식해 그 교훈을 한반도에서 취하는 것이 옳다.

줄다리기를 할 것인가, 다가가서 악수를 청할 것인가?

통일 방법에는 크게 두 가지를 꼽을 수 있다. '무력통일'과 '평화적 통일'이다. 또 다르게 구분할 수도 있다. '흡수통일'과 연방제 같은 동등한 형태의 체제통합이 있다. 우선 '무력통일'은 절대로 해서는 안 되며, 한반도에서의 전쟁은 절대적으로 지양해야 한다. 우리는 이미 한국전쟁이라는 민족의 크나큰 아픔을 겪었다. 더한 아픔을 겪는 것? 상상하기도 싫고 세계 평화를 위해서라도 있어서는 안 되는 일이다. 물론 전쟁을 일으키면 어느 한쪽으로든 흡수통일이 될 가능성이 크다. 그러나 만약 우리나라가 전쟁에서 이겨 흡수통일을 이루었다고 치자. 대체 누구를 위한 통일인가? 우리가 이루어야 할 통일은 '평화적 통일'임에 틀림없다.

그렇다면 '흡수통일'은 어떤가? 독일은 위에서도 말했듯이 어느 날 갑자기 동독 체제가 무너져서 흡수통일이 된 사례다. 동독이 서독으로 흡수되어 통일된 이후 북한은 매우 불안해했다. 북한이 독일 통일 이후 불안해한 이유는 공산주의의 몰락과 함께 자신들의 낮은 경제력과 국력 때문일 것이다. 자유의 물결이 전 세계를 휩쓸고 있는 현대임에도 북한은 매우 폐쇄적인 구조 속에서 김 씨 일가의 세습이 이뤄지고 인민은 굶어죽어 가고 있다. 그러니 어찌 불안하지 않을 수 있겠는가. 지금도 계속해서 대남도발을 일삼는 이유 중 가장 큰 것은 흡수통일에 대한 불안감 그리고 국제사회에서의 소외에 대한 불안감일 것이다.

흡수통일을 지향하는지 아닌지에 대한 대북정책은 판이하게 다를 것이다. 대표적으로 김대중, 노무현 정부의 '햇볕정책'과 이명박 정부의 '비바람정책'을 들 수 있다. 김대중, 노무현 정부의 '햇볕정책'은 당시 서독의 정부와 비교해보면 사민당 빌리 브란트 총리의 '신동방정책'과 유사하다고 할 수 있다. 빌리 브란트 총리가 내세운 통일정책은 '접근을 통한 변화'의 기치를 내세워 교류와 지원을 활발하게 하는 형태였다. 그리고 이명박 정부의 '비바람정책'은 당시 서독의 정부와 비교해 자민당 헬무트 콜 총리의 '힘의 우위 정책'과 유사하다고 할 수 있다. 자국이 국력과 경제력을 키운다면 국력과 경제력이 약한 나라가 끌려와서 흡수통일을 이룰 수 있을 것이라는 '자석이론'에 따른 강경한 대책이었다고 볼 수 있다.

어느 것이 무조건 옳다고 볼 수는 없다. '비바람정책'을 무조건 지지하며 흡수통일을 주장하는 이들은 독일 통일의 특수성을 고려한 것인지 묻고 싶다. 그리고 '햇볕정책'을 바탕으로 무조건적인 지원을 해야 한다고 하는 이들은 대체 무슨 이유에서인지 묻고 싶다.

우리나라 정치인들의 주장들도 이해할 수 없는 측면이 있다. 보수적인 정치인들은 '비바람정책'을 지지하며 대북지원을 반대한다. 그러면서도 북한 인권을 이야기한다. 북한 인권이 그렇게나 걱정된다면 대북지원은 왜 반대하는 것일까?

진보적인 정치인들은 '햇볕정책'을 지지하며 대북지원을 주장한다. 그러면서도 북한 인권과 관련해서는 말이 없다. 대북지원을 위해서라면 북한의 실태를 정확히 파악하는 것이 중요하고 식량보다 중요한 것이 '인권'인데 왜 말이 없는 것일까?

대북지원 이야기가 나왔으니 말이다. 북한의 식량난이 얼마나 심각한지 알고 있는가?

KBS 남북교류협력단 이주철 연구원의 보고에 따르면, 북한의 만성적인 식량난은 기본적으로 공산주의 특유의 생산의욕 감퇴와 농업정책의 실패에서 비롯된 것이라고 한다. 그에 더해 사회주의권 붕괴와 국제 경제협력 시스템의 약화로 인한 에너지와 비료 등 농업생산재의 부족, 자연재해 및 농업 인프라의 부족도 큰 몫을 차지하는 것으로 분석된다고 한다. 유엔식량농업기구의 분석에 따르면, 2007년 북한의 농업생산량은 전년도의 400만 톤보다 훨씬 적은 300만 톤으로 추정되며, 이는 1990년대 이후 최악의 상황이라고 한다. 이에 북한정부는 현재 세계적인 식량위기를 강조하며 주민의 식량 절약과 식량 증산을 독려하고 있다. 지도층 배나 그만 불리지.

한편, 북한과 관련된 이야기에서 탈북자 이야기가 빠질 수 없다. 일단 탈북자는 국제적으로 공식적인 '난민 지위'를 인정받지 못하고 있다. 특히 북한에 절대적인 영향력을 행사하고 있는 중국에서는 탈북자를 '단순 불법체류자'로 간주, 탈북자들을 정기적으로 색출하여 강제송환하고 있을 뿐만 아니라 탈북자를 돕거나 은신처를 제공하는 사람들도 함께 처벌하고 있다. 따라서 탈북자의 불안한 신분을 이용한 인신매매, 불법취업 등에 따른 여러 가지 인권유린 문제가 발생하고 있다. 우리나라에서 탈북자 강제 북송 반대 집회는 여는 것도 그 이유에서다.

미국의 경우에는 2004년부터 '북한인권법'을 제정하고 별도의 예산을 두어 '북한 주민의 인권신장, 북한 주민의 인도적 지원, 탈북자 보호' 등을 명분으로 공식적인 탈북자 지원활동을 벌이고 있지만 북한에서는 '공화국의 체제전복을 위한 미국의 공작'이라며 크게 반발하고 있다고 한다. 한편 일본에서도 2006년에 '북한인권법'을 제정한 바 있다.

미국과 일본에서는 '북한인권법'을 제정했는데 우리나라는 아직 국회를 통과하지 못했다. 북한인권법을 제정하는 게 '내정간섭'으로 비춰질 수 있다는 부담 때문이다. 북한의 눈치가 중요한지 사람 살리는 게 중요한지. 나는 단연코 사람이라고 본다.

현재 우리나라에는 2만여 명이 넘는 탈북자들이 살고 있다. 그들 중 대다수는 우리나라에서 많은 차별대우를 받으며 살고 있다고 한다. 인간존중은 가장 기본이고, 게다가 우리 민족인 탈북자들인데 너무하다는 생각이 든다. 또한 탈북을 시도하는 것이 얼마나 위험한 행위인가.

통일과 관련해서는 북한 인권문제, 대북지원문제 등이 얽혀 있다. 특히 통일의 방법론에 대해 이견이 많으며 정부가 바뀌면 그에 따른 대북정책도 바뀌고 있다. 무엇이 옳은 것인지는 모르겠다.

하지만 두 가지는 확실하다. 북한에서는 폐쇄적인 구조 속에서 많이 사람이 굶주리고 있고 그들은 인권조차 보장받지 못하는 처지에 놓여 있다. 그리고 우리 민족의 최대 과업은 평화적 통일이다.

05

우리가 바라는 세상

다들 정의로운 사회를 꿈꾸지 않나요?

박세훈

정의란 무엇인가? 우리 사회에 필요한 것은 무엇인가?

한때 우리나라에 '정의' 열풍이 분 적이 있었다. 미국 하버드대학교 정치철학교수 마이클 샌델의 책 《정의란 무엇인가》가 우리나라에서 불티나게 팔린 것이다. 내 생각에는 그 책을 번역한 사람이나 출판사도 그렇게까지 판매가 많이 될 것이라고는 예상하지 못했을 것 같다. 번역 출간된 지 1년 만에 100만 부의 출고 부수를 기록했다고 한다. 웃긴 건 이 책의 영미권 출판시장 판매량을 다 합쳐도 10만 부가 채 되지 않는다는 사실이다. 이 책이 이만큼 불티나게 팔린 나라는 일본과 우리나라밖에 없다고 한다. 참고로 일본에서는 60만 부 이상이 팔렸다고 한다.

《정의란 무엇인가》의 성공에 힘입어 마이클 샌델 교수는

《왜 도덕인가?》, 《돈으로 살 수 없는 것들》 등을 연이어 내면서 우리 국민 사이에서 각인됨은 물론 엄청난 판매고를 기록하고 있다.

우리는 이것이 우리에게 보여주는 바를 바로 직시해야 할 것이다. 우리 국민의 '정의'를 향한 열망이 그만큼 크다는 점을 보여

주는 것이라고 생각한다. 사람들은 우리 사회가 많은 모순점을 안고 있다는 사실을 인식하고 있다. 그것이 쉽게 바로잡아지지 않고 있고, 힘들다는 사실도 인식하고 있다. 하지만 인간이라면 누구나 '공정한 것', '정의로운 것'을 원한다. 그것이 무엇이 되었든.

따라서 많은 국민은 우리 사회가 '공정함'과 '정의'라는 가치를 잃고 있다고 생각하는 것이다. 누가 봐도 그렇지 않을까 싶다. 앞선 글에서 살펴봤듯이 노동자와 고용주의 문제, 대기업과 중소기업의 문제, 힘 있는 자와 사회적 약자의 문제, 1%와 99%의 문제 등 우리 사회에 만연해 있는 문제들의 공통점은 '정의롭지 못하다'는 점이다.

먼저 《정의란 무엇인가》에 수록되어 있는 예화 중 가장 흥미로운 것을 하나 다뤄보려 한다. 실제로 있었던 일이라고 한다.

2005년 6월, 미 해군 특수부대 소속의 마커스 루트렐 하사와 수병 세 명이 파키스탄 국경과 가까운 아프가니스탄에서 비밀 정찰 임무를 수행 중이었다. 오사마 빈 라덴의 측근인 탈레반 지도자를 찾기 위함이었다. 이들이 찾는 인물은 140~150명의 중무장 세력을 지휘하면서 험한 산악지대의 어느 마을에 머물고 있었다고 정보기관은 보고했다.

루트렐과 그의 특수부대 팀이 그 마을이 내려다보이는 산등성이에 자리 잡은 직후, 아프가니스탄 농부 두 명이 약 100마리의

염소를 몰고 나타났다. 그들의 일행에는 열 살 조금 넘은 듯해 보이는 남자아이도 있었다. 무장한 사람은 없었다.

우선 미군은 이들에게 총구를 겨누고, 땅에 앉으라는 시늉을 한 다음 이들을 처리하는 것에 대해 의논하기 시작했다. 분명히 무장하지 않은 염소치기에 불과했지만 이들을 놓아주었을 때 이들이 만약 탈레반에게 미군의 위치를 알려준다면 큰일 나기 때문이었다.

한 사람은 염소치기들을 죽여야 한다고 주장했다.

"우리는 상관의 지시로 적의 전선 후방에서 임무를 수행 중입니다. 우리 목숨을 지키기 위해서라면 어떤 일도 할 수 있는 권리가 있습니다. 군의 결정은 자명합니다. 저들을 놓아주는 것은 잘못입니다."

결정권을 가지고 있던 루트렐은 갈등했다. 결국 그는 양심상 염소치기를 죽일 수 없었기에 그들을 풀어주자는 쪽에 표를 던졌고, 염소치기를 풀어주었다. 곧 후회할 결정이었지만.

염소치기를 풀어준 지 한 시간 반쯤 지나 미군 네 명은 탈레반에게 포위되었다. 곧이어 격렬한 총격전이 벌어졌고, 세 명은 목숨을 잃고, 루트렐은 중상을 입고 산 아래로 굴러 떨어졌다.

루트렐은 간신히 목숨을 건졌고 뒷날 염소치기를 풀어준 결정을 회상하며 이렇게 썼다고 한다.

"마음속으로는 염소치기를 죽여야 한다고 주장했던 병사의 말이 옳다고 생각했다. 우리는 분명히 그들을 풀어줄 수 없었다. 하지만 문제는 마음속에 또 다른 내가 있다는 사실이었다. 그리스도인으로서의 나였다. 그가 내게 달려들었다. 무언가 내 마음 저편에서 줄곧 속삭였다. 무장하지 않은 저들을 냉정하게 죽이는 것은 잘못이라고."

또 '가장 어리석고 가장 덜 떨어진 결정'이라고 후회하며 그 당시 경험을 책으로도 썼다고 한다. 그는 염소치기를 죽이지 않아 동료들이 죽었으므로 자신의 그런 결정은 옳지 않은 것이라고 생각한 것이다.

그렇다면 만약 그 염소치기가 아프가니스탄 군인들을 만나 미군의 위치를 발설하지 않았다면 염소치기를 살려준 그 결정은 옳은 결정이 아니었을까? 물론 전쟁이라는 특수한 상황이 전제가 된 상황이기에 염소치기들을 죽이는 것이 가장 합당한 방법이라고 생각하는 사람들이 많을 것이다. 그러나 무엇보다도 가장 우선하는 인간존엄의 정신을 생각한다면? 사람을 살리는 것이 무엇보다 가장 중요하다. 아니면 염소치기들이 탈레반의 첩자들이었다면? 이렇게 질문과 가정을 끊임없이 만들어낼 수 있다. 이렇듯 자연스럽게 결과나 동기에 따른 다양한 가치판단이 존재할 수 있는 것이다.

정의에 대해서는 수없이 많은 다른 가치판단들이 존재한다

이 말은 '정의'에 대한 사람들의 판단도 사람마다 제각기 다를 수 있음을 뜻한다. 한편, 나는 정의로운 사회의 조건에 '다름'을 인정할 수 있는 사회가 되어야 하는 것도 있어야 한다고 생각한다.

우리 사회는 아직 '다름'을 인정하는 데 많이 서툰 것 같다. 아니, 아직은 다름을 인정하지 못하는 듯하다. 대표적으로 다문화 가정과 관련된 문제를 들 수 있다.

일단 아직도 우리나라가 단일민족 국가라고 주장하는 사람이 있는지는 모르겠다. 하지만 우리나라에는 이미 다른 사람들이 많이 이주해왔고 세계화의 추세에 맞추어 교류도 활발한 게 현실이므로 다민족 국가로 나아가는 것을 부정할 수는 없을 것이다.

요즘 초등학교에만 가보아도 다문화 가정 아이들의 숫자가 상당하다고 한다. 그러나 대부분의 다문화 가정 아이들의 학교생활은 갖가지 차별이 존재하기에 매우 힘들다고 한다. 이것은 우리 사회가 암묵적으로 '다름'을 인정하지 않는 것을 뜻한다고 볼 수 있다. 우리나라 사람들이 다른 나라에 갔을 때 받는 차별은 생각하는지 모르겠다. 역지사지의 발상을 조금만이라도 해본다면 사람들의 태도는 많이 달라질 것인데……

또 정의로운 사회로 나아가기 위해서는 '공정성'을 잃지 말아야 할 것이다. 공정거래위원회가 괜히 있는 게 아니지 않는가. 이 '공정성'은 정치에서도, 경제에서도, 심지어 사회 구성원 간의 작은 다툼 속에서도 잃어서는 안 되는 가치다.

우선 출발선이 다르면 공정성을 확보하지 못한 것이다. 말하자면 기회의 평등을 보장해주지 못하는 것이다. 허나 여기에 롤스의 정의론도 덧붙이고 싶다. '합리적 차별'을 허용하는 것이 바로 그것이다.

예를 들어 확연히 다른 두 사람이 있다고 치자. 한 사람은 하루 세 끼를 건강식으로 챙겨 먹고 웨이트 트레이닝을 통해 철저히 몸관리를 한 몸짱이다. 그리고 다른 한 사람은 하루에 한 끼도 겨우 라면으로 때우며 살아왔고 운동이라곤 숨쉬기와 걷기 운동밖에 한 적이 없는 허약한 사람이다. 그런데 다른 사람들은 이 두 사람을 향해 달리기를 하라고 시킨다. 그리고 그 결과에 따라 그 두 사람을 다르게 대하고 보상을 지급한다.

정의롭지 못한 사회가 이렇지 않을까 생각한다. 사람마다 조건이 다르고 환경이 다르고 가진 것이 다른데, 정의롭지 못한 사회는 그것을 고려해주지 않고 인정조차 해주지 않는다. 더 쉬운 예로 코끼리, 사자, 돌고래, 토끼, 원숭이 이렇게 다섯 마리의 동물을 두고 나무타기를 하라고 시키는 것을 생각해보면 어떨까. 당연히 원숭이는 나무와 나무 사이를 날아다니듯 잘해낼 것이고, 다른 네 마리의 동물들은 제대로 올라가는 것조차 어려울 것이다.

예를 들고 보니 이 예화 속에는 '다름'을 인정해야 하는 모습과 '공정성'을 잃지 말아야 하는 모습이 함께 들어 있었다. 부디 그

점을 느끼셨기를 바란다.

그리고 고전적인 정의의 의미랄까. 어린아이의 머리로 생각하는 정의는 바로 '악한 자를 벌하고 선한 자에게 베푸는 행동'일 것이다. 내가 어릴 때 생각한 정의의 정의는 바로 그랬다. 만화영화 같은 데서도 많이 다뤄지고, 고전소설에서도 많이 다뤄지는 주제인 '권선징악(勸善懲惡)'이 바로 그것이다. '악한 것을 벌하고 선한 것을 권하는 사회'도 정의로운 사회라는 것에 이견을 표할 사람은 별로 없어 보인다.

끝으로 현대인들이 가장 깊이 새겨야 할 정의로운 사회가 지녀야 할 가치는 '나눔'이라고 생각한다. '부족한 자들에게 올바르게 분배해주는 것', 쉽게 말해서 배고픈 사람에게 빵 한 조각이라도 나누어주자는 것이다. 현대 자본주의사회에서 쉽게 던질 수 있는 말은 아니라고 생각한다. 자유로운 경쟁과 이기심을 바탕으로 자본주의 경제는 돌아가기 때문이다. 그 속에서 '나눔'의 가치를 찾기란 진정 불가능한 일일까?

'나눔'의 키워드를 '복지'와 연결 지어 생각했으면 한다. 북유럽의 선진 복지국가들을 살펴보면 이런 자본주의사회 아래에서도 '나눔'의 가치는 제대로 구현될 수 있음을 알 수 있다. 물론 북유럽 복지국가들의 방법이 다 옳다는 말은 아니다. 하지만 선진 복지국가들은 국가의 재정기반도 탄탄할뿐더러 국민의 삶의 질도 상당히 높은 수준에 속한다는 사실은 누구나 알고 있지 않은가.

'나눔'의 가치는 '복지'로써 올바르고 실질적으로 실현 가능하다고 생각한다.

우리나라의 '정의' 열풍은 과거형이자 현재진행형이다. 그리고 미래형이 되어야 한다

이 글의 서두에 우리나라에서 한때 '정의' 열풍이 분 적이 있다고 했다. 그러나 그것은 '한때'의 일만은 아니라고 생각한다. 정치인들의 구호나 키워드 속에도 '정의'라는 단어는 빠지는 모습을 잘 보지 못했다. 그만큼 우리 사회가 '정의'에 대한 열망이 강하고 그것이 현재진행형이라는 것을 느낄 수 있다.

정의로운 사회를 싫어하는 사람이 있을까? 오로지 '획일화된 것'만을 추구하고, '불공정'한 사회 속에서 '특권'을 누리며 '베풀지 않고' '악한 행동'을 일삼으며 살아가는 이들은 싫어할지도 모르겠다. 하지만 '평범한 사람들'이라면 모두가 바라는 세상이 '정의로운 세상'일 것이라 확신한다.

정의에 대한 정의는 무수히 많이 존재하고 앞으로 더 생겨날 가능성도 많다고 본다. 사람마다의 가치판단에는 얼마든지 차이가 존재하니까. 사람들이 저마다의 정의에 대한 정의를 내리고 그 가치를 가슴 속에 지니고 살아간다면 세상은 더 아름다워지지 않을까?

마지막으로 지금 우리 사회에 필요한 것은 무엇일까?

'사람이 사람을 위하는 것'이 아닐까? 아, 이것도 정의에 대한 또 다른 정의 중 하나라고 보면 좋지 않을까.

06

어느 소년의 꿈

사회정의 실현을 위해 정치를 하고 싶다는 한 소년이 있습니다

박세훈

태권도 국가대표 선수가 꿈이었던 한 소년

내가 아주 어릴 적부터 사회문제에 관심을 가지고, 사회에 대해 고민을 하고 산 것은 아니었다. 아, 지금도 어리다면 충분히 어린 나이인가? 어쨌든 나의 어린 시절이 정확하게 기억나는 건 아니지만 찬찬히 더듬어가며 내 꿈 이야기를 해보려 한다.

나는 초등학교에 들어가기 전부터 태권도장에 다녔다. 건강을 유지하기 위한 것과 체력을 기르기 위한 것 외에는 별다른 이유가 있었던 것은 아니다. 대부분 다른 친구들과 마찬가지로. 태권도를 꾸준히 하면서 1품(성인으로 치면 1단)을 땄고, 2품을 딸 때쯤 되니 내가 태권도에 푹 빠져 있다는 게 느껴졌다.

그전까지 나는 장래희망에 대해 진지하게 고민해보지 않았지

만, 그때부터 태권도 선수가 되고 싶다는 생각이 강하게 들었다. 그래서 학교에 장래희망을 쓰는 란에도 '태권도 선수'라고 썼다. 솔직한 말로 그 당시에는 국위선양과 같은 생각은 전혀 안했다. 아니, 못했다. 그 정도로 성숙하지 못했다. (아, 물론 지금도 스스로 성숙했다고 생각하는 건 아니다, 정말로.)

그냥 태권도가 좋았고, 태권도를 잘하는 사람들이 무척이나 멋져보였다. 게다가 내가 초등학교 4학년이었던 2004년 아테네 올림픽 당시, 문대성 선수가 멋진 뒤돌려 차기로 금메달을 땄을 때는 그 꿈이 얼마나 더 멋져 보였을지 짐작이나 가는가?

그러던 중 4학년이 끝나갈 무렵, 지역교육청 과학영재에 지원하게 됐다. 수학영재와 과학영재가 있었는데 수학은 썩 잘하지도 못했고, 흥미도 없었기에 평소 재미있어했던 과학이 있어 과학영재를 택했다. 난 그때까지 정말 교과와 관련된 사교육은 전혀 받지 않았다. 물론 태권도장과 피아노 학원은 다녔다.

그런데 지역교육청 과학영재에 합격한 것이다. 가족들도 그랬지만 나 스스로 가장 놀랐다. 과학을 재미있어하기는 했지만 잘한다고 생각한 적도 없었고, 거기에 지원한 사람들의 대부분은 사설 과학영재학원에서 많은 공부한 이들이기 때문이었다. 그러니 자연스럽게 나보다 과학을 잘하는 친구들이 많이 지원했을 것이 당연했기에 별 기대를 하지 않았던 것이다. 영재원 시험도 못 쳤다고 생각했으니 더더욱 그랬다.

어떻게 보면 운 좋게(?) 과학영재가 돼서 5학년, 6학년 총 2년 간 토요일마다 영재원 친구들과 함께 다양한 과학실험을 하면서 과학에 대한 흥미도가 점점 높아져 갔다. 그래서 중학교 때도 비록 사이버 수업이 위주였던 과학영재였지만, 또다시 선발되면서 중학교 3년 동안 과학심화 수업을 받을 수 있었다.

과학영재로 공부하다 보니 어느새 내 꿈은 과학자가 되어 있었다. 그래서 초등학교 5학년 때부터 중학교 1학년 때-사실 중학교 1학년 때는 장래희망 란에 써넣을 게 없어서 쓴 거지만-까지의 내 꿈은 과학자였다. 솔직히 이때까지도 사회에 기여하기 위해 그 꿈을 가진 건 아니었다. 그 당시 과학자라는 꿈을 얘기한 친구들의 대부분은 사람들에게 필요한 기술을 개발하겠다는 등의 포부를 갖고 있었던 것과는 달랐다. 단지 과학이 재미있었고, 과학자가 되면 계속해서 다양한 실험을 하면서 내 적성과 흥미에 맞는 일을 할 수 있을 거라고 생각했던 것이다.

사실 사회문제에 대한 구체적이고 직접적인 고민은 아니었지만 어릴 적부터 그런 기질은 있었던 것 같다. 지금도 마찬가지이지만 나는 '감정이입' 능력이 다른 능력보다 두드러졌다. 조금만 감동적인 영화를 봐도 눈물을 흘리고, 심지어 책을 보다가도 코끝이 찡해지는 걸 참기 힘들 때가 많으니 말이다. 길을 가다가도 노숙인들을 보면 무서운 마음도 들었지만, 오히려 연민의 감정이 더 강하게 느껴졌다.

또, 어릴 적부터 '정의(正義)'에 관심이 많았다. 한자를 처음 배
운 순간부터 지금까지의 나의 한자실력은 형편없지만 한자를 몇
글자밖에 알지 못했던 어릴 적부터 '정의'의 한자인 '바를 정(正)'
자와 '옳을 의(義)' 자를 외우기 위해 한참을 노력했던 시절도 있
을 정도다. 태권도를 오랫동안 배운 것도 영향이 있었을까? '정의
의 사도'……

끊임없이 도전했다. 성공했고 실패도 했다. 교훈을 얻었다면 된 거다

내 꿈에 영향을 준 가장 큰 요소 중 하나는 아마 꾸준히 학생
대표 역할을 한 것이었을 거다. 반장선거가 시작되던 초등학교 4
학년 때부터 매년 학생회선거에 나갔다.

첫 반장선거를 경험했던 4학년 때의 반장선거에서는 낙선했다.
경험도 없었을뿐더러 막연히 '해보고 싶다'는 생각만 있었을 뿐
철저히 준비하지 못한 탓이 컸던 걸로 기억한다. 물론 내성적인
성격으로 인해 많은 사람 앞에 서서 이야기하는 것이나 처음 보
는 사람에게 먼저 다가가지 못하는 성향도 한몫했을 거다.

그리고 나서 5학년이 되었는데 또 반장선거에 떨어졌다. 이번
에는 한 표 차이로 결과가 갈렸기에 아쉬움은 더 컸다. 기분이
좋지 않아 부반장선거에는 나가지 않으려 했으나 '전교회장'을 하

고 싶다는 당시의 꿈이 있었기에 학생회 활동이 어떤 것인지 알기 위해 부반장이 되었다. 1년 동안 부반장으로 반의 잡일을 하기도 했고, 매주 열리는 학생회의에도 적극적으로 참가하며 학생회 구성과 운영에 대한 감각을 키웠다.

대망의 6학년이 되었다. 두 번의 실패가 있었기에 이번에는 나름대로 오래 생각했고 준비에 신경을 많이 썼다. 특히 POP 글씨를 쓰시는 이모가 선거 포스터, 어깨띠, 푯말 등을 다 만들어주셨는데, 다른 후보들의 그것들과 비교하면 빛이 날 정도로 예뻤고 완성도도 높았다. 아마 당선에 그것이 큰 몫을 하지 않았을까 싶다. (이후 나의 모든 학생회선거에서는 이모의 도움이 컸다.)

친한 친구들과 함께 즐겁게 선거운동을 했고, 오래 준비하고 연습한 연설도 성공적으로 해냈으며, 준비해갔던 날달걀과 나무도 충분히 활용했다. 아, 날계란과 나무가 왜 필요했냐고? 선거 포스터에도 썼고 연설에서도 외쳤던 내 구호가 이것이었기 때문이다.

"달걀처럼 잘 깨지지 않고, 나무처럼 든든한 버팀목이 되겠습니다."

인터넷을 한참 검색하다 발견한 괜찮은 문구였는데, 거기에 나의 아이디어를 가미해 만든 구호였다.

한편, 내가 전교회장에 나가는 등의 활동을 했던 이유는 단순히 멋져 보였기 때문이었다. 전교회장을 역임했던 한 해 또는 두 해 선배들이 다들 무척이나 멋져 보였다. 물론 남을 위해 일하기를 바라는 내 의지도 있었지만 1차적인 이유는 아니었던 것 같다. 적어도 그 당시에는.

그러나 전교회장 역할을 하면서 생각이 조금씩 바뀌어갔다. 이 자리가 단지 나만의 영광을 위해서, 나만 좋으라고, 나만 빛나라고 있는 자리가 아니라는 생각이 계속해서 들었다. 전교생의 투표로 뽑힌 회장이었고, 전교생이 지켜보는 자리였기 때문이다.

그때부터 조금씩 남을 위해 내가 할 수 있는 일에 대해서 진지하게 고민하며 살아온 것 같다.

중학교 때는 반장, 부회장, 회장을 내리 역임했으니 순탄하게 산 것처럼 보일 수도 있다. 하지만 꼭 그런 것만은 아니었던 것 같다. 내가 사회정의에 눈을 뜨게 된 계기는 중학교 때의 일이다. 바로 학교 내의 문제 때문이었다.

사회문제에 눈을 뜨게 해준 짧은 이야기

체육시간이 되면 다른 과목과는 다르게 실기평가가 주를 이루게 된다. 공부만 하는 친구들에게 고역인 시간이기도 하다. 그날의 평가는 팔굽혀펴기 횟수를 측정하는 것으로 이뤄졌다. 태권도도 오랫동안 했고, 평소 운동하기를 좋아한 나는 일찌감치 손

쉽게 최고점에 해당하는 횟수를 채웠다.

　문제는 한 친구가 팔굽혀펴기를 하는 도중 발생했다. 그 친구가 팔굽혀펴기 평가를 보기 전까지 나는 물론이고 다른 친구들이 팔굽혀펴기를 할 때는 하다가 중단하거나 잠시 쉬기만 해도 횟수 측정을 중단하고 그전까지 한 횟수만 인정해주었다. 그러나 그 친구는 팔굽혀펴기를 하다가 한참을 쉬기도 하고 심지어는 넘어지기까지 했으나 끝까지 기다려주었고 결국 좋은 점수를 받아낼 수 있었다.

　당연히 다른 친구들의 불만은 엄청났다. 왜 자기들이랑 조건이 다르냐는 것이었다. 게다가 친구들의 불만이 클 수밖에 없었던 이유도 있었다. 수행평가에서 너그러운 조건을 보장받은 그 친구는 우리 학교에 재직 중인 선생님의 아들이었던 것이다. 그러니 더욱 의심의 눈초리를 쉽게 거둘 수 없었다.

　물론 주요과목이 아닌 체육이었고, 비중이 크지 않은 한 수행평가에 불과했지만 평가에서 '공정성'을 잃지 말아야 함은 당연한 소리다. 나는 아무리 사소한 일일지라도 정의롭지 않으면 안 된다고 생각했고 지금도 그 생각에는 변함이 없다.

　그래서 나는 앞서서 문제제기를 하고 나섰다. 나는 최고점에 해당하는 점수를 받았기에 문제제기의 정당성을 더 확보할 수 있었다. 만약 내가 그 친구보다 낮은 점수를 받았거나 중간에 쉬거나 넘어져 평가가 중단되었었더라면 나의 행동은 단순히 '내

점수를 올리기 위한 것' 또는 '낮은 점수에 대한 불만을 표출하는 것'으로 비춰질 수 있었기 때문이다. 말하자면 찌질한(?) 투정이 아니라, 나 자신의 이익이나 손해를 고려하지 않고 부당한 일에 대해 항의한 것이었다.

파장은 생각보다 엄청났다. 학교의 모든 선생님이 이 일을 알게 되었고, 나의 내성적이고 모범적으로 체제순응적인(?) 모습을 주로 봐왔던 선생님들은 놀랄 수밖에 없었다. 그랬다. 나는 그때까지 비판적인 '생각'을 가지고 살았는지는 몰라도 그것을 효과적으로 '표출'하거나 '행동'으로 보여주지는 못했던 것이다.

집에 전화가 마구 걸려오고 울면서 전화를 받았던 기억도 난다. 수화기를 붙잡고 가만히 듣고 있자니 내가 완전히 정신 나간 아이이고, 나쁜 아이가 된 것만 같았다. 하지만 마음을 추스르고 "네가 옳았고, 잘했다."는 말을 부모님과 선생님들 그리고 많은 친구들로부터 듣고 의지를 다졌다. 앞으로도 불의에는 당당히 항거하기로.

아마 상호 간의 권력관계에 있어서 우위를 점하고 있는 쪽은 상대방이 순순히 순종하기를 바랄 것이다. 현재 기득권을 쥐고 있는 우리 사회의 상부에 자리 잡고 있는 이들도 마찬가지일 것이라 생각한다. 그렇지 않으면 기득권이 위태로워질 수도 있으니까.

중학교 때의 그 일은 나의 가치관 형성에 큰 영향을 미쳤다고 할 수 있다. 어쩌면 누구나 한 번쯤은 목격한 일일 것이다. 그럴

때마다 그냥 보고만 있지는 않았는가? 대부분의 사람이 그렇다는 건 불편한 진실이라고 말해야 하는 것인지 모르겠다.

어쩌면 그 일이 있고 나서부터 나는 관심을 '사회 정의'에 초점을 맞추기 시작했다. 미리 예견되었고 준비된 일이었는데 그 일이 촉매제 역할을 한 것도 같다.

중학교 2학년 때는 한때 '변호사'의 꿈을 꾸기도 했다. (물론 지금도 그 꿈을 염두에 두지 않는 건 아니다.) 그 이유는 사회정의 실현을 위해서였다. 억울하고 어렵고 힘든 이들에게 무료변론을 해주는 등의 활동을 하며 사회적 약자를 돕고 싶다는 생각을 했다. 그 당시에 봤던 미국 법정 드라마 〈저스티스〉도 큰 역할을 했을 것이다. 아직도 기억하고 있는 대사가 있을 정도이니.

"Justice needs you a lot more than D. A. does……(정의는 검사가 그랬던 것보다 너를 더 필요로 한다…….)"

그러나 변호사가 사회에 미칠 수 있는 영향력은 조금은 제한적이라는 생각이 들었다. 꿈을 정치인으로 정한 것에 영향을 준 어떤 변호사님의 말씀이 있었다. 직접 들은 것은 아니고 전해들은 말씀이었다. 그 말씀은 대강 이랬다.

"네가 정말로 사회정의를 실현하는 것이 꿈이고 사회에 영향력을 끼치는 사람이 되어 세상을 바꾸고 싶다면 변호사가 되기보

다는 정치인이 되어라."

내가 당시 고민하고 있던 부분을 해결해주는 말씀이었고, 그 후 내 꿈을 정치인으로 확실하게 정할 수 있었다. 장래희망을 정한 후, 내 모습은 조금씩 바뀌어갔다. 아니, 어쩌면 원래 내재되어 있던 면이 드러나기 시작하는 시점이었는지도 모른다.

내성적이었던 성격이 조금씩 적극적인 성향을 띠기도 했고, 앞에 잘 나서지 못하던 성향도 바뀌어 마이크만 잡으면 말이 술술 나오는 사람이 되어 있었다. 이것이 내가 가진 재능이라면 십분 활용해 사회에 쓰임을 받아 역사 발전에 바람직한 방향으로 기여하고 싶다.

이러한 생각을 갖게 된 데는 부모님의 영향이 컸다. 나는 어릴 때부터 사교육을 받는 것을 별로 좋아하지 않았다. 집안형편이 어려운 것은 아니었다. 그랬기에 사교육은 더더욱 받기 싫었다. 무슨 말인지 이해하지 못하는 사람이 많을 것이다. 나는 가정형편이 어려워서 사교육을 받지 못하는 친구들도 많이 있는데 가정형편이 괜찮다는 이유로 사교육을 받는 것은 싫다고 주장했다. 부모님께 금전적인 부담을 조금이라도 덜어주고 싶은 마음도 있었다. 그리고 공교육만으로 제대로 된 성적을 얻지 못하는 나 자신에 대해 실망도 했기에 혼자 극복하고 싶었다.

수없이 시행착오를 겪었다. 그전까지는 나의 주장과 결정을 존중해주시고 따라주신 부모님께서는 대학입시가 다가오자 다른 주장을 하고 나오셨다.

"네가 지금 하는 공부를 혼자서 극복하지 못하고 있으니 사교육이라도 받아서 극복할 수 있다면 받아라. 대신 사회에 그만큼, 아니 배로 갚아라."라고 말하셨다. 어릴 적부터 이어온 부모님의 가르침에 부합하는 말씀이기도 했다. 그리고 나는 많은 시행착오를 겪었기에 이번에는 부모님의 말씀을 존중하기로 했다.

좌절은 잠시만, 꿈은 원대하게

한편, 학생회선거에 나가는 이야기를 마무리해보려 한다. 나는 고등학교를 같은 중학교 출신들이 진학하지 않는 조금은 먼 고등학교로 진학했다. 전교에 중학교 동창이 딱 한 명 있었고, 같은 반에는 친구가 아무도 없었다. 그럼에도 나는 또 반장선거에 나갔고 무투표로 당선되었다.

성적으로 반장선거 출마에 제한을 두어서 일어난 일이었는데, 나 스스로도 불만이 많았다. 성적 제한이 걸린 상황에서의 무투표 당선은 반장으로서의 정당성을 확보하기가 힘들기 때문이다. 더군다나 친구가 아무도 없는 상황이라고 생각해보시라.

막막했다. 막연한 막막함을 가지고 고등학교 생활을 시작했는데 3월은 한 달 내내 힘들었다. 혼자 집에서 울기도 했다. 친구를 사귀기도 쉽지 않았고, 고등학교 친구들이 사용하는 말을 듣기가 너무 거북했다. 더럽고 패륜적인 욕을 마구 해대는 친구들을 이해할 수 없었다. 게다가 내 말이 잘 먹히지도 않았다. 내가 무엇인가 하려 하면 "왜 너만 착한 척하냐?" 또는 "왜 너 혼자 그렇게 나대냐?" 등의 빈정거림이 들려왔다.

그러나 나는 변함없는 모습으로 끊임없이 노력했고 친구들에게 다가가려 애썼다. 결국 진심이 통했다. 친구들은 내 진심을 느낀 듯 나를 잘 따라와 주었고 일 년 내내 좋은 분위기 속에서 생활할 수 있었다.

2학년 부회장선거 때에도 1학년의 반 친구들이 똘똘 뭉쳐서 도와주었기에 당선이 가능했다. 다른 반의 친구가 거의 없던 나로서는 똘똘 뭉친 우리 반 친구들이 너무나도 큰 힘이었고 기쁨이었다.

마지막으로 3학년 학생회장선거에는 낙선했다. 그리고 그 속에서 지금까지의 학생회선거에서 배웠던 것들을 다 합친 것보다 더 많이 배웠다. 상대후보측은 무분별한 네거티브 전략으로 나왔다. 현실 정치와 다를 게 없어 보일 정도였다. 부모님을 들먹일 정도로 도를 넘어서기도 했다. 그런 상황 속에서 나는 제대로 된 대응도 못했고, 안이한 판단으로 선거에 임해 낙선했다.

스스로에 대한 반성도 많이 했다. 그리고 현실 정치에 대한 고민도 많이 했다. 내가 과연 정치인이 될 수 있는 것인지, 현실 정치는 이보다 더 심한 일들도 많을 건데 내가 견뎌낼 수 있을 것인지, 내가 정치인으로서 충분한 자질은 있는 것인지……

좌절은 잠시면 충분했다. 나는 그것을 발판으로 삼아 다시 힘을 냈고, 더러운 현실 정치일지라도 이겨내서 내 꿈을 이루겠다는 다짐을 했다. 나만의 영광을 위해서 정치를 생각했다면 이런 다짐은 하지 못했을 것이다. 아니, 안 했을 거다.

나는 스스로 복이 많은 사람이라고 생각한다. 훌륭한 부모님 아래에서 괜찮은 가정환경에, 든든한 동생 그리고 나를 응원해주고 힘이 되어주는 친구들이 많이 있다. 뜻을 함께하고 꿈을 공유하는 친구들도 있다.

그리고 논리적인 사고를 할 수 있는 머리도 가지고 있다. 사지도 멀쩡하다. 특별히 불편한 곳도 없다.

나는 이것도 나만을 위한 것이 아니라고 생각한다. 그러기에 사회에 공헌할 수 있는 길을 찾기 위해 부단히 노력할 것이다. 내 꿈을 잃지 않기 위해, 의지를 더욱더 확고히 하기 위해 이 글을 쓰고 있는 것인지도 모른다.

쓰다 보니 나이도 어린데 자서전적인 글을 썼다. 넓은 마음으로 '자기소개서' 정도로 봐주시라. 이 글을 쓴 한 소년은 이런 생각을 가지고 이런 경험을 하고 살아왔다는 것을 느껴만 주시라.

이 글들을 종합하면서 내가 지향하는 바를 밝히고 싶다. 나는 정치를 이렇게 할 것이고 내 꿈은 이것이다.

'나는 정치를 내 배를 불리기 위해서가 아니라 국민의 행복을 증진하기 위한 정의로운 세상을 만들기 위해서 할 것이다.'

이 말, 어디서 본 것 같지 않은가?

〈참고문헌〉

리처드 도킨스 〈이기적 유전자〉

에리히 프롬 〈자유로부터의 도피〉

에리히 프롬 〈사랑의 기술〉

앨런 와이즈먼 〈가비오따스〉

훈데르트 바서

ebs 〈지식 e〉

버트런드 러셀 〈게으름에 대한 찬양〉

프로이트 〈정신분석학〉

네이버 〈백과사전〉, 〈국어사전〉

한겨레신문 〈아하! 한겨레 vol.133, 198, 219〉, 한겨레

조국 〈보노보 찬가〉, 생각의나무 2009

유시민 〈국가란 무엇인가〉, 돌베개 2011

김성희, 김수박 외 〈내가 살던 용산〉, 보리 2010

박용현 〈정당한 위반〉, 철수와영희 2011

도정일, 박원순 외 〈다시, 민주주의를 말한다〉, 휴머니스트 2010

EBS 지식채널e 〈지식 e 2, 4〉, 북하우스 2007

조부근 〈잃어버린 우리 문화재를 찾아〉, 민속원 2004

염돈재 〈독일통일의 과정과 교훈〉, 평화문제연구소 2010

우베 뮐러 〈대재앙 통일〉, 문학세계사 2006

김기원 〈한국의 진보를 비판한다〉, 창비 2012

마이클 샌델 〈정의란 무엇인가〉, 김영사 2010